Изкусте еленското месо. Готварска книга за любителите на дивеча

Открийте богатите и смели вкусове на еленско месо със 100 апетитни рецепти за всеки повод, от пикантни яхнии и обилно чили до пържоли на скара и гурме бургери .

Йоана Георгиева

Авторски права Материал ©202 3

Всички права запазени

Без надлежното писмено съгласие на издателя и собственика на авторските права, книгата му не може да бъде използвана или разпространявана по какъвто и да е начин, форма или форма, с изключение на кратки цитати, използвани в рецензия. Тази книга не трябва да се счита за заместител на медицински, правен или друг професионален съвет.

СЪДЪРЖАНИЕ

СЪДЪРЖАНИЕ 3
ВЪВЕДЕНИЕ 7
ЕЛЕНСКО МЕСО 9
   1. Яхния с кнедли от еленско месо 10
   2. Чили от еленско месо на холандска фурна 13
   3. Холандски пай с еленско месо на фурна 15
   4. Саскатун Пемикан 17
   5. Гулаш от еленско месо 19
   6. Сандвичи с еленско месо 21
   7. Супа от еленски бульон 23
   8. Яхния от еленско месо 25
   9. Супа с пилешки бульон от лайм и царевица 28
   10. Еленско месо на скара 30
   11. Смляно/нарязано еленско месо 32
   12. Гювеч от етиопски плосък хляб 34
   13. Пържоли Нъгетс 36
   14. Гювеч от еленско месо 38
   15. Еленско месо 40
   16. Еленска наденица 42
   17. Тиква на скара и бирени колбаси 44
   18. Пълнени гъби с еленско месо 46
   19. Malloreddus със задушено еленско месо 49
   20. Елeнски пържоли 52
   21. Елк Джърки 54
   22. Салата от еленско месо и спанак 56
   23. Печено филе куду с плънка от буреворс 58
   24. Еленски хапки с къри 60

25. Супа от еленско кюфте 62

26. Задушени еленски кубчета 64

27. Еленско чили 66

28. Еленска супа 69

29. Бък и Бърбън 71

30. Пържола от еленско месо или лос 73

31. Игра Наденица 75

32. Еленска наденица 78

33. Пикантни кебаби от еленско месо 80

34. Фирма Еленска яхния 82

35. Еленски салам 84

36. Американски еленски колбас 86

37. Хрупкави такос от еленско месо 88

38. Къмпинг еленска шунка 90

39. Еленско филе Връх 92

40. Еленско месо на барбекю 94

41. Еленско Строганов 96

42. Салата от еленско месо и спанак 98

43. Хвойнови еленски пържоли с червено зеле 100

44. Пълнеж за баница с кайма 103

45. Супа от еленско кюфте 105

46. Еленско чили 107

47. Американски еленови рогоносци 110

48. Еленско месо 112

49. Бургер от еленско месо 114

50. Еленско печено 116

51. Еленски овчарски пай 119

52. Еленски шишчета 122

53. Такос от еленско месо 124

54. Еленска пържола с боровинков сос 127

55. Еленско пържене 129

56. Еленски кюфтета с гъбен сос 132

57. Venison Sloppy Joes 135

58. Еленски енчилади 137

59. Издърпано еленско месо 140

60. Ловджийски Гювеч С Смляно Еленско Месо 142

61. Еленска гъба Pappardelle 145

62. Полумесец от еленско крема сирене 148

63. Еленско Болонезе 151

ДИВЕЧ 154

64. Пълнени сърца 155

65. Котлети от дива свиня 157

66. Печено диво прасе 159

67. Яхния от дива свиня с боровинки 162

68. Рагу от дива свиня 164

69. Глиган за бавно готвене 167

70. Задушено диво прасе с цитрусово-градински сос 169

71. Sous-vide крак на дива коза 173

72. Къри от дива коза 175

73. Заешки пай със сирене 178

74. Заек на скара със зеленчуци 180

75. Едно ястие със заек и сладки картофи 182

76. Заешки креолски 184

77. Дърпано барбекю заек 186

78. Издърпани заешки такос 188

79. Бизонско месо 190

80. Бизон Строганов 192

81. Мръсен ориз Bison 194

82. Смлян бизон и зеленчукова яхния 196

83. Бизонски тиган 198

84. Пържола Солсбъри 200

МАРИНАТИ 203

85. Хънтър сос 204

86. Марината за Дивеч 206

87. Чудна марината 208

88. Сладко-лют дип за еленско месо 210

89. Марината в азиатски стил 212

90. Цитрусова марината 214

91. Червено вино и сос от хвойнови плодове 216

92. Подправен сос от червени боровинки 218

93. Крем сос от хрян 220

94. Балсамов сос от смокини 222

95. Чътни с боровинки 224

96. Масло от чесън и розмарин 226

97. Сос от горчица и билки 228

98. Сос черешово порто 230

99. Портокалова глазура с джинджифил 232

100. Карамелизиран сос от лук и гъби 234

ЗАКЛЮЧЕНИЕ 236

ВЪВЕДЕНИЕ

Добре дошли в Изкуството на Еленовото, готварска книга, която празнува уникалните и вкусни вкусове на това любимо дивечово месо. Независимо дали сте опитен ловец или просто любител на храната, ще намерите на какво да се насладите на страниците на това изчерпателно ръководство.

Еленското месо е постно, питателно и ароматно месо, което е било основна храна на много култури от векове. От обилните яхнии в средновековна Европа до пикантните кърита в Индия, еленското месо се е наслаждавало в безброй форми и стилове през цялата история. Днес той остава популярен избор както за ловци, така и за любители на храната, благодарение на богатия си, дивечов вкус и здравословни свойства.

В тази готварска книга ще откриете широк набор от рецепти, които демонстрират гъвкавостта на еленското месо. От класически ястия като еленско чили и печен бут до по-иновативни творения като еленско месо и пържени ястия, има по нещо за всеки вкус и повод. Независимо дали искате да приготвите обикновено ястие през седмицата или впечатляваща вечеря, тази готварска книга ще ви покрие.

Но „Изкуството на дивечовото месо" е нещо повече от колекция от рецепти. Това също е изчерпателно ръководство за приготвяне и готвене на еленско месо, със съвети и техники за всичко - от снабдяване и клане до подправки и печене на скара. Независимо дали сте опитен професионалист или начинаещ готвач, ще намерите много полезна информация и съвети, за да сте сигурни, че вашите ястия с еленско месо ще се получат перфектно всеки път.

Така че защо не се присъедините към нас в едно пътешествие на кулинарни открития? Независимо дали сте фен на еленското месо от цял живот или просто искате да опитате нещо ново, Изкуството на Еленовото със сигурност ще ви зарадва и вдъхнови със своите вкусни рецепти, информативни съвети и красива фотография.

Ключови думи: еленско месо, дивеч, дивечово месо, лов, рецепти, готвене, яхнии, печени, бургери, тако, здравословно, хранене, постно месо, дивечов вкус, подправка, печене на скара, клане, кулинария, сърдечно, пикантно, иновативно, вкусно, подправки, съвети, техники, изчерпателно ръководство, кулинари, ловци, вечеря, небце, вкусове!

ЕЛЕНСКО МЕСО

1. Яхния с кнедли от еленско месо

Сервиране: 4 порции

съставки
- 1/4 чаша универсално брашно
- 1 килограм месо от еленско месо, нарязано на 1-инчови кубчета
- 3 супени лъжици масло
- 4 до 5 чаши вода
- 2 дафинови листа
- 2 чаени лъжички телешки бульон на гранули
- 3 супени лъжици сос Worcestershire
- 1 чаена лъжичка сол
- 1/2 до 3/4 чаена лъжичка черен пипер
- 5 средни картофа, обелени и нарязани на кубчета
- 5 средни моркова, обелени и нарязани на 3/4-инчови филийки
- 1 среден лук, нарязан

КЪРПИ КНЕДЛИ:
- 1 чаша универсално брашно
- 1 чаена лъжичка бакпулвер
- 1/2 чаена лъжичка сол
- 1/2 чаена лъжичка трева копър
- 1 голямо яйце
- 1/2 чаша пълномаслено мляко

Посока

a) Смесете еленско месо и брашно в голяма затваряща се найлонова торбичка, след което разклатете, за да се покрие добре. Запържете месото в холандска фурна с масло.

b) Поставете във вода и разбъркайте, за да разхлабите всички запечени парчета от тигана. Сложете черен пипер, сол, сос Worcestershire, бульон и дафинови листа, след това оставете сместа да заври Намалете котлона и оставете да къкри, покрито, докато месото омекне, около час.

c) Отървете се от дафиновите листа, след което сложете лука, морковите и картофите.

d) Сложете капак и оставете да къкри около 25 минути.

e) За да направите кнедли, смесете копър, сол, бакпулвер и брашно в голяма купа. Разбъркайте млякото и яйцето, докато се смесят. Пуснете тестото върху къкрищата яхния по супени лъжици.

f) Оставете да къкри с капак, докато клечка за зъби, забита в центъра, излезе чиста, около 15 минути, без да повдигате капака.

2. Чили от еленско месо на холандска фурна

- 1 lb еленски бургер (или можете да използвате обикновен хамбургер)
- сол и черен пипер на вкус
- 1 т олио за готвене
- 1 т захар
- 1 глава лук, наситнена
- 3 чаши нарязани домати (или кутия от 12 унции)
- 1/2 зелена чушка, нарязана
- 1/2 C нарязани гъби (или консерва от 4 унции)
- 1/2 ч.ч. чили на прах (горе или по-малко на вкус)
- 1 консерва (1 фунт) боб

a) Поставете холандската фурна върху горещи въглища и загрейте за 10 минути. Добавете масло, когато холандската фурна е гореща и задушете лука и зелените
b) пипер. Добавете бургер и кафяво. Добавете сол, черен пипер и чили на прах на вкус. Смесете със захарта и доматите. Покрийте холандската фурна
c) и регулирайте топлината, така че сместа да къкри. Гответе бавно за 45 минути.
d) Добавете боба и гъбите, задушете още една
15 минути и сервирайте.

3. Холандски пай с еленско месо на фурна

- 2 паунда смляно еленско месо
- 14 унции буркан пименто
- 2 глави лук, нарязани
- 1 консерва домати Rotel
- 4 скилидки чесън, смлени
- 18 унции може доматен сос
- 2 супени лъжици. сос Уорчестър
- 1 консерва червен боб, отцеден и изплакнат
- 2 опаковки. подправка за тако
- 1 ч.ч. сол
- 1 10 унции опаковка замразена царевица
- 1 ч.ч. пипер
- 1 голяма зелена чушка, нарязана

ТОПИНГ
- 2 чаши смес за царевичен хляб
- 1 яйце
- 1 1/2 чаши мляко
- 2 супени лъжици. пчелен мед
- 1 чаша нарязани зрели маслини
- 1 1/2 чаши настъргано сирене чедър

a) Гответе месо, лук, чесън и сос Worcestershire в голям тиган до леко кафяво.
b) Добавете подправка за тако и останалите съставки, като разбърквате при всяко добавяне. Загрейте добре, докато шупне.
c) Прехвърлете в голяма холандска фурна, която е покрита със зеленчуков спрей.
d) Смесете топинга и изсипете сместа от еленско месо в холандска фурна.
e) Печете на 400 градуса (10 въглена отдолу, 19 въглена отгоре) около 25-30 минути или докато царевичният хляб стане златистокафяв.

4. Саскатун пемикан

- 1 с еленско месо
- 2 ts Мед
- 1 с Сушени горски плодове Saskatoon или сушени боровинки

- 1/4 с фъстъчено масло
- 1 с Непечени слънчогледови семки или натрошени ядки от всякакъв вид
- 1/2 ts Cayenne (по избор)

a) Смелете (или начукайте) изсушеното месо на брашнен прах. Добавете сушени плодове и семена или ядки. Загрейте меда, фъстъченото масло и лютия червен пипер, докато омекнат. Смесете.

b) Когато се охлади, съхранявайте в найлонов плик или обвивка за колбаси на хладно и сухо място. Ще се запази с месеци!

5. **Еленски гулаш**

- 2 супени лъжици масло
- 1 1/2 lb Еленско месо, от врат, хълбоци, бутове, нарязани на кубчета 1 до 1 1/2 инча
- 3 md Лук, много тънко нарязан
- 2 супени лъжици червен пипер
- 1 ч . Сол
- 1 мед зелена чушка, тънко нарязана, с отстранени семена и сърцевина
- 1/2 с вода

a) В холандска фурна загрейте олиото и кафявото еленско месо, като разбърквате често.

b) Добавете лука, поръсете с червен пипер и сол, като разбърквате, запържете на среден огън, докато лукът омекне.

c) Сложете зеления пипер и водата, покрийте холандската фурна, но не слагайте въглища отгоре. Гответе 1 до 1 1/2 часа, докато еленското месо омекне .

6. Сандвичи с еленско месо

- 2 кг еленско месо, обезкостено и нарязано на ситно.
- 1 фунт бекон, нарязан на малки парченца.
- 2 зелени чушки
- 1 голяма глава бял лук
- 2 кутии сос от гъбени пържоли
- Добавете подправена сол по желание

a) Добавете всички съставки в холандската фурна и поставете върху добър слой от горещи въглища. Разбърквайте от време на време и добавете сол по ваш вкус.
b) Когато сте готови, поставете в руло за сандвич и се насладете!

7. Супа от еленски бульон

СЪСТАВ:

- 2 или 3 килограма еленски кости с малко месо
- 1-16 унции опаковка. Зеленчукова супа със замразен бульон
- 1 супена лъжица магданоз
- 1 скилидка чесън, смлян
- Сол и черен пипер
- 16 унции консерва домати

ИНСТРУКЦИИ:

a) Поставете костите в холандска фурна и ги покрийте едва с вода. Оставете да къкри два часа. Отстранете костите и издърпайте останалото месо с вилица. Нарежете всякакви големи парчета. Запазете три чаши от бульона и изхвърлете останалите.

b) Добавете месото, замразените зеленчуци, магданоза, чесъна, сол и черен пипер. Намачкайте или нарежете доматите и ги сложете в тенджерата, заедно със сока от консервата.

c) Разбъркайте, оставете да заври бързо. Намалете топлината до много ниска, покрийте плътно и оставете да къкри за един час. Добавете малко вода, ако е необходимо.

d) След това добавете още малко черен пипер и сервирайте.

8. Еленска яхния

СЪСТАВ:
- 1 голяма чушка поблано
- 1 до 2 чушки халапеньо
- 6 пресни доматилос, отстранени люспите
- 1½ чаши (375 мл) нарязан бял лук (1 голяма глава лук)
- 1 ч.л. (5 мл) смлян кимион
- 2 супени лъжици. (30 мл) зехтин
- 4 кочана прясна царевица
- 3 скилидки чесън, смлени
- 4 чаши (1 л) пилешки бульон или бульон от пилешки кости
- ⅔ чаша (150 мл) пресен сок от лайм (около 7 лайма)
- 1½ чаена лъжичка. (7 мл) сол
- 1 ч.л. (5 мл) смлян черен пипер
- 1½ паунда (680 g) пилешки бутчета или гърди с кожа и кости, нарязани на парчета от 1 инч (2,5 cm)

ИНСТРУКЦИИ:

a) Загрейте фурната до 425ºF (220ºC). Подредете първите 3 **СЪСТАВКИ:** върху голяма тава с ръбове, покрита с алуминиево фолио. Печете на 425ºF (220ºC) за 25 минути или докато зеленчуците омекнат и люспите започнат да се образуват мехури, като обръщате чушките на всеки 5 минути. Извадете зеленчуците от фурната; прехвърлете чушките в малка купа. Покрийте купата с пластмасова обвивка и оставете да престои 20 минути. Оставете доматилосите да стоят върху лист за печене, докато изстинат достатъчно, за да се справят. Нарежете едро доматите и ги поставете в средно голяма купа.

b) След като чушките престоят 20 минути, обелете ги, почистете ги и нарежете; добавете към tomatillos.

c) Запържете лука и кимиона в горещ зехтин в 6-литрова (6-L) неръждаема стомана или емайлирана холандска фурна на средно висока температура за 12 минути или докато лукът омекне.

d) Нарежете връхчетата на царевичните зърна в голяма купа; изстържете млякото и останалата каша от кочаните. Добавете царевица и чесън към лука в холандска фурна; гответе, като разбърквате непрекъснато, 5 минути. Разбъркайте в нарязани чушки, нарязани доматилос, пилешки бульон и следващите 3 съставки.

e) Оставете да заври; намалете топлината и оставете да къкри, непокрито, 5 минути, като разбърквате често. Разбъркайте пилешкото месо. Оставете да заври на силен огън; ври 5 минути. Свалете от огъня.

f) Налейте гореща бульонна супа в горещ буркан, оставяйки 1 инч (2,5 см) свободно пространство. Отстранете въздушните мехурчета. Избършете ръба на буркана. Централен капак на буркана. Поставете лентата и я нагласете така, че да приляга с върха на пръста. Поставете буркана върху решетката в контейнер под налягане, съдържащ 2 инча (5 см) кипяща вода при 180ºF (82ºC). Повторете, докато се напълнят всички буркани.

g) Поставете капака върху консервната кутия и я завъртете в заключено положение. Регулирайте топлината на средно висока. Изпускайте пара за 10 минути.

h) Поставете противотежестта или измервателния уред върху отдушника; доведе до налягане до 10 фунта (4,5 kg) (psi) за консервна кутия с претеглен габарит или 11 фунта (454 g) s (psi) за консервна кутия с циферблат.

i) Обработвайте буркани от 1 пинта (500 ml) за 1 час и 15 минути или буркани от 1 литър (1 L) за 1 час и 30 минути. Изключете топлината; охладете консервната кутия до нулево налягане. Оставете да престои още 5 минути, преди да махнете капака.

j) Охладете бурканите в контейнер за 10 минути. Извадете бурканите и охладете.

9. пилешки бульон от лайм с царевица

СЪСТАВ:
- Спрей за готвене или зехтин
- 1 фунт постно еленско месо, нарязано на кубчета
- 1 чаена лъжичка зехтин
- 1 малка глава лук, наситнена
- 1 скилидка чесън, смлян
- 1 стрък целина, нарязан
- 1 морков, нарязан на кубчета
- 2 картофа, на кубчета
- 2 чаши вода
- ½ чаена лъжичка сол
- ⅛ чаена лъжичка черен пипер
- 2 кутии телешки бульон

ИНСТРУКЦИИ:

a) Покрийте тенджера за супа с бульон със спрей за готвене или зехтин и я поставете на силен огън.

b) Добавете еленско месо в тигана. Запържете до покафеняване. Извадете от тигана и оставете настрана върху хартиени кърпи.

c) Добавете олиото и всички зеленчуци и задушете, докато омекнат.

d) Разбъркайте еленско месо, сол, черен пипер и вода.

e) Оставете да заври и оставете да къкри 5 минути.

f) Напълнете чисти, горещи буркани до ½ с твърди съставки.

g) Разлейте течност в буркани, оставяйки 1 инч свободно пространство.

h) Регулирайте капаците и обработете.

10. Еленско месо на скара

ПРАВИ: 4

СЪСТАВ:
- 2 килограма консервирано еленско месо
- 1 -1/2 паунда нарязан бекон
- 1 литър ябълков сайдер
- 24 унции бутилиран барбекю сос или марината

a) Поставете еленското месо в плитък съд за печене и го покрийте с ябълков сайдер.
b) Оставете в хладилник за поне 2 часа.
c) Извадете и подсушете месото, след това изхвърлете ябълковия сайдер и поставете еленското месо обратно в съд за печене.
d) Изсипете еленското месо с барбекю сос, покрийте и оставете да се маринова.
e) Загрейте предварително грил на открито.
f) Извадете месото от хладилника и го оставете да престои 30 минути.
g) Увийте парчета еленско месо в бекон.
h) Поставете увити в бекон парчета еленско месо върху решетката на скара, без да се допират едно до друго.
i) Печете на грил за 20 минути, като редовно го обръщате.

11. <u>Смляно/нарязано еленско месо</u>

ПРАВИ: 2

СЪСТАВ:
- Предпочитано месо, прясно, охладено, накълцано/смляно
- Сол
- Месен бульон, варене/доматен сок/вода

ИНСТРУКЦИИ
1. Охладеното прясно месо нарежете на ситно. Ако използвате еленско месо, смилайте след смесване с една чаша свинска мазнина на всеки три до четири чаши еленско месо. Ако използвате наденица, комбинирайте с кайенски пипер и сол.
2. Оформете кюфтета или банички. Ако използвате наденица с обвивка, нарежете на три до четири инчови връзки.
3. Гответе месото до кафяв цвят. Ако използвате смляно месо, задушете без оформяне.
4. Добавете свареното месо в чисти и горещи буркани Mason. Всяка пълна със сол.
5. Сварете месния бульон. Налейте месния бульон, доматения сок или водата в бурканите, докато се напълнят до един инч отгоре.
6. Освободете въздушните мехурчета, преди да регулирате капаците, след това обработете в контейнера под налягане за 1 час и 15 минути.

12. Етиопски гювеч с плосък хляб

Прави: 2

СЪСТАВКИ
- 2 килограма еленско месо, нарязано на хапки
- 1 инджера, разкъсана на парчета
- ¾ чаена лъжичка сол
- 40 грама (⅓ чаша) нарязан на кубчета лилав лук
- 2 супени лъжици зехтин
- 1 супена лъжица смлян чесън
- ⅓ чаша вода
- 1 чаша зелен фасул
- 2 супени лъжици сухо бяло вино
- 1 супена лъжица + 1 чаена лъжичка бербере паста
- 1 супена лъжица доматено пюре
- 10-15 много меки фурми, почистени от семките и разполовени или нарязани

ИНСТРУКЦИИ
a) В тиган добавете зехтин и гответе еленско месо и лук, докато месото вече не е розово; източване. Добавете боба и солта.

b) Прехвърлете в намаслена 13x9-in. съд за печене. Отгоре подредете инджера.

c) Комбинирайте чесън, вода, бяло вино, бербере паста и доматено пюре в купа; залейте тортилите. Поръсете със сирене.

d) Печете, непокрит, на 350° за 25-30 минути или докато се загрее.

e) Добавете фурмите и гответе още минута.

13. Стек Нъгетс

порции: 8

съставки :
- 2 паунда еленска пържола или телешка пържола, нарязана на парчета
- Свинска мас, както е необходимо, за пържене
- 2 големи паси яйца

Панировка
- 1 чаша настърган пармезан
- 1 чаена лъжичка овкусена сол
- 1 чаша свинско панко

ИНСТРУКЦИИ
a) Разбийте яйцата в купа.
b) Добавете свинско панко, сол и пармезан в плитка купа и разбъркайте.
c) Първо потопете парчетата пържола в яйце едно по едно. Отърсете излишната течност, потопете го в пармезанова смес и го поставете в чиния.
d) Повторете този процес с останалите парчета пържола.
e) В дълбока тава се изсипва достатъчно количество свинска мас. Поставете тигана на среден огън и оставете свинската мас да се загрее.
f) Когато олиото се загрее до около 325°F, внимателно пуснете няколко от панираните парчета пържола в олиото. Обърнете парчетата пържола няколко пъти, така че да се запекат равномерно отвсякъде.
g) Извадете пържолата с решетъчна лъжица и я поставете върху чиния, постлана с хартиени кърпи. Оставете да се отцеди за няколко минути.
h) Гответе останалите парчета пържола по подобен начин (стъпки 6-7). Сервирайте.

14. Гювеч от еленско месо

СЪСТАВ:
- 2-фунтово еленско филе
- 2 супени лъжици зехтин
- 2 супени лъжици вино шери
- 2 супени лъжици масло
- 1½ порции бульон
- 2 чаени лъжички сол
- 1 супена лъжица сок от лук
- 1 чаена лъжичка черен пипер
- Тире кайен
- 1 стрък смлян магданоз

ИНСТРУКЦИИ:
a) Запържете в маслото и добавете бульона. Смесете около 2 супени лъжици брашно в бульон и добавете; лук и подправки.
b) Съберете и оставете да къкри за около час.
c) Точно преди сервиране добавете масло и шери на вкус.
d) Може да се добавят гъби.

15. Еленско месо Jer ky

СЪСТАВ:
- 3 паунда Еленско месо, нарязани на ¼ инча или по-тънки филийки
- 1 супена лъжица сол
- 1 чаена лъжичка лук на прах
- 1 чаена лъжичка чесън на прах
- 1 чаена лъжичка черен пипер
- ⅓ чаша сос Worcestershire
- ¼ чаша соев сос или сос терияки (малко повече сос няма да навреди)

ИНСТРУКЦИИ:

a) Мариновайте еленските ленти в покрита стъклена купа за 1 или 2 дни в хладилника, като ги обръщате от време на време.

b) Сушете ленти на средна температура като печка на дърва за около 24 часа-48 часа или във фурна на ниски температури.

16. Еленска наденица

СЪСТАВ:
- 8-килограмово еленско месо
- 8 килограма свинско месо
- 4 супени лъжици семена от копър
- 1 чаена лъжичка сол
- 2 супени лъжици черен пипер
- 1 чаена лъжичка лук на прах
- 1 чаена лъжичка чесън на прах
- 1 чаена лъжичка червен пипер (само за люта наденица)

ИНСТРУКЦИИ:

a) Комбинирайте свинско месо, еленско месо, семена от копър, сол, черен пипер, лук на прах, чесън на прах и червен пипер в голяма купа и разбъркайте добре. Оформете банички, цепеници или напълнете обвивките за колбаси.

b) Загрейте олио на средно висока температура в голям тиган.

c) Замразете или гответе наденицата, докато покафенее и се свари.

d) Рецептата може да се разполови.

17. Тиква на скара и бирени колбаси

Добив: 1 порция

Съставка
- 1 бутилка бира ейл
- 4 унции тиква; пресни или консервирани
- 1 унция чесън; Нарязани на кубчета
- 1 унция чист кленов сироп
- 2 връзки всяка патица; надупчва се с вилица
- 2 Links еленско месо; надупчва се с вилица
- 2 Links пилешка наденица; надупчва се с вилица
- 1 малка глава червен лук; Сегментиран тънък
- 1 супена лъжица масло
- Сол
- Пипер
- 1 луковица копър; обръснат
- 1 унция всяко сирене saga bleu
- 1 унция английски стилтън
- 1 унция горгонзола

Упътвания

a) Смесете портър, тиква, чесън и кленов сироп и напръскайте върху колбаси.

b) Извадете кренвиршите от саламурата и ги запечете на 500 градуса скара за 10 минути. Сегментирайте и печете на скара до готовност.

c) Сварете лука в маслото на слаб огън, докато омекне и стане прозрачен. Подправете със сол и черен пипер

18. Пълнени гъби с еленско месо

Прави: 4

СЪСТАВ:
- 4 (5") цели бебешки гъби Портобело
- ½ (7 унции) консерва дребни нарязани домати (добре прецедени)
- 1 килограм смляно еленско месо
- ½ чаена лъжичка сол
- ⅛ чаена лъжичка черен пипер
- ¼ чаена лъжичка лук на прах
- ¼ чаена лъжичка сушена мащерка
- ¾ чаена лъжичка семена от копър
- ¼ чаена лъжичка лют червен пипер
- ½ чаена лъжичка сух риган
- 1 чаена лъжичка червен пипер
- ½ чаена лъжичка сух босилек
- 1 яйце
- 3 унции доматено пюре
- ⅓ чаша балсамов оцет
- 3-4 скилидки чесън (обелени и счукани)
- ½ чаша зелен лук (нарязан)
- 1 (4 унции) консерва нарязани черни маслини (отцедени)
- 1 ½ чаши моцарела (настъргана)
- 1 чаша италианска смес от 3 сирена
- ¼ чаша италиански галета

ИНСТРУКЦИИ:

a) Загрейте основната фурна до 375°F.

b) Отстранете и нарежете на ситно дръжките на шапките на гъбите. Заделени.

c) Поставете шапките на гъбите върху кухненска хартиена кърпа, като стеблото надолу.

d) Прецедете консервираните домати през цедка и с помощта на гърба на дървена лъжица натиснете внимателно надолу, за да отстраните колкото можете повече течност.

e) В купа смесете смляното еленско месо със сол, черен пипер, лук на прах, сушена мащерка, семена от копър, лют червен пипер, сушен риган, червен пипер и сушен босилек. След това добавете яйцето, доматеното пюре и оцета. Разбъркайте старателно, за да се комбинират.

f) След това разбъркайте чесъна, зеления лук, черните маслини, нарязаните на кубчета стъбла лук, моцарелата, смесеното италианско сирене и галета.

g) С голяма лъжица напълнете шапките на гъбите със сместа от еленско месо. Количеството на пълнежа трябва да бъде приблизително 75 процента от размера на гъбата.

h) Печете пълнените гъби в чугунен тиган за 20-25 минути, докато се сварят.

19. Malloreddus със задушено еленско месо

СЕРВИИ 4–6
съставки
- Зехтин
- 4 фунта (1,8 кг) еленска плешка или джолан
- Кошерна сол
- Прясно смлян черен пипер
- 1 морков, нарязан на кубчета
- 1 стрък целина, нарязан на кубчета
- 2 глави лук, нарязани на кубчета
- 1 скилидка чесън, наситнена
- 3 супени лъжици (48 г) доматено пюре
- 1 чаша (237 мл) червено вино
- 3 чаши (711 мл) телешки бульон
- 3 стръка мащерка
- 1 дафинов лист
- 1 чаена лъжичка плодове от хвойна
- Тесто от грис
- Кошерна сол
- Прясно смлян черен пипер
- Италиански плосък магданоз, нарязан

Упътвания

a) Загрейте фурната до 350°F (177°C). За да задушите еленското месо, загрейте голяма холандска фурна със зехтин на висока температура. Овкусете еленското месо обилно със сол и прясно смлян черен пипер. Добавете еленското месо в тигана и гответе до кафяво, около 2 до 3 минути от всяка страна. Извадете еленското месо и го оставете настрана.

b) Намалете топлината до средна и добавете моркова, целината, лука и чесъна и гответе, докато започнат да покафеняват, около 5 минути. Добавете доматеното пюре и гответе около 2 минути, като разбърквате често, за да не загори.

c) Добавете червеното вино, телешкия бульон, мащерката, дафиновия лист и плодовете от хвойна и оставете да заври. Върнете еленското месо в тенджерата и го покрийте. Поставете го във фурната и гответе около час и половина или докато месото омекне.

d) За да направите malloreddus , поръсете 2 тави с брашно от грис и ги оставете настрана. Отрежете малко парче тесто с грис и покрийте останалата част от тестото с пластмасова обвивка. С ръцете си навийте парчето тесто на въже с дебелина около ½ инча (12 mm). На лек наклон изрежете ½-инчови (12 мм) парчета тесто от въжето.

e) С палеца си натиснете само горната половина на парчето паста със страната на палеца си и натиснете и натиснете към дъното на ренде за сирене. Поставете malloreddu върху поръсените с грис тави и го оставете непокрит, докато бъде готов за готвене.

f) Когато еленското месо се свари, извадете го от тенджерата и прецедете течността за задушаване. Изхвърлете зеленчуците и билките. На среден огън оставете да къкри течността за задушаване, докато се намали повече от половината и се сгъсти. Настържете еленското месо и го добавете обратно в тенджерата с течността за задушаване. Поддържай топло.

g) Оставете тенджера с подсолена вода да заври. Междувременно в голям тиган на слаб огън добавете струйка зехтин и част от задушеното еленско месо. Пуснете макароните във врящата вода и гответе до ал денте, около 4 до 6 минути. Добавете сварената паста и малко от водата от пастата към еленското месо. Разбъркайте и подправете със сол и прясно смлян черен пипер.

h) За да сервирате, разпределете пастата и еленското месо в купички. Гарнирайте с наситнен магданоз.

20. Еленски пържоли

съставки:
- 3 Т. брашно
- 1½ т. сол
- ¼ т. листа майорана
- 6 еленски пържоли, изрязани от кръг
- Мазнина за пържене
- 1 малка глава лук, обелена
- 4 средни моркова, обелени
- ½с. кубчета целина и върхове 1½ с. телешки бульон

ИНСТРУКЦИИ

a) Смесете брашно, сол и майорана; натрийте месото. Кафяви пържоли в гореща мазнина в тиган под налягане. Добавете зеленчуци и бульон; покрийте и гответе на 10 lbs. Налягане 20 до 30 минути, или според производителя насочва. Охладете нормално за 5 минути, след което поставете съда под студена вода, за да намалите бързо налягането.

b) Сгъстете течността за сос, като претриете зеленчуците през сито, мелница или блендер. Порции 6.

21. Елк резки

съставки:
- 2 килограма постно лос
- ½ чаша сос Worcestershire
- ¼ чаша черна меласа
- ¼ чаша тъмен соев сос
- 1 чаена лъжичка ситно настъргана лимонова кора
- 1 чаена лъжичка семена от кимион
- 8 шушулки кардамон, напукани
- 3 скилидки чесън, смлени на ситно
- Неутрално олио за готвене

ИНСТРУКЦИИ

a) Отстранете колкото можете повече мазнина от месото и го замразете за 20 до 30 минути, за да го нарежете по-лесно. С много остър нож нарежете месото възможно най-тънко с дебелина от ¼ до ⅓ инча.

b) В голяма купа разбийте заедно соса Worcestershire, меласата, соевия сос, лимоновата кора, семената от кимион, кардамона и чесъна.

c) Пуснете нарязаното месо в купата парче по парче, за да сте сигурни, че всяко парче е напълно покрито със саламура. Оставете месото да престои в маринатата за 90 минути. Извадете месото и изхвърлете маринатата. Сега е време да изсушите месото във фурната или с дехидратор.

22. <u>Салата от еленско и спанак</u>

Обслужва 2

съставки:
Винегрет:
- 1 чаша нарязани ягоди
- 2/3 чаша екстра върджин зехтин
- 1/2 чаша дестилиран бял оцет
- 2 скилидки чесън, смлени
- 1 1/2 чаена лъжичка маково семе
- 1 чаена лъжичка сол
- Прясно смлян черен пипер на вкус

еленско месо
- 1 еленска пържола
- Сол и черен пипер на вкус
- 3-4 чаши листа бейби спанак
- 1 чаша нарязани ягоди

- 1/4 чаша филирани бадеми

ИНСТРУКЦИИ
a) Пригответе скарата на средно висока степен.
b) Подправете еленското месо със сол и черен пипер и го запечете на скара за около 5 минути от всяка страна или докато се свари до желаната готовност. Оставете еленското месо да престои 10 минути, след което го нарежете.
c) Хвърлете спанака с ягодите и поставете в чинии. Поръсете с бадемите и отгоре наредете нарязаното еленско месо.
d) Поръсете винегрета върху салатата и сервирайте веднага.
e) **За винегрет:** Комбинирайте всички съставки в кухненски робот или блендер и пасирайте до гладкост.

23. Печено филе куду с плънка от буреворс

Добив: 1 порция
Съставка
- Куду филе
- 500 грама еленско месо
- 200 грама свинско месо
- 125 грама агнешка мазнина
- 1 чаена лъжичка сол
- 1 супена лъжица Счукани печени семена от кориандър
- 50 милилитра Червено вино
- 50 милилитра малцов оцет
- 1 щипка смлян карамфил
- 1 щипка мащерка
- 1 щипка риган
- 2 банана шалот; нарязани на ситно
- 200 милилитра пинотаж
- 200 милилитра демиглас

ИНСТРУКЦИИ

a) Смелете заедно еленското, свинското и мазнината, като внимавате да не е много ситно.

b) Комбинирайте всички съставки, разбъркайте добре и оставете настрана.

c) Почистете добре филето куду и го нацепете по средата. Разгънете и опаковайте с буреворите, сгънете месото обратно и го завържете с конец. Натрийте сол и черен пипер отвън с малко зехтин.

d) За готвене поставете в горещ тиган или върху скара, като обръщате често и оставете да се готви, докато буреворите се стегнат. Нарежете на едро и сервирайте.

e) За соса пинотаж изпотете ситно нарязания шалот и добавете червеното вино (пинотаж) малко по малко, позволявайки му да се редуцира с поне две трети. Добавете деми към виното бавно, докато се постигне гъста, тъмна консистенция. Проверете на вкус и сервирайте.

24. Еленски хапки с къри

съставки
- 1 килограм еленско месо, нарязано на хапки
- 4 супени лъжици тайландска паста от червено къри
- 1 голямо яйце
- олио за пържене
- Панировка
- 1/2 чаша настърган пармезан
- 1/2 чаша свинско панко
- 1/2 чаена лъжичка домашна овкусена сол

Chipotle Ranch Dip
- 1/4 чаша майонеза
- 1/4 чаша заквасена сметана
- 1 чаена лъжичка чипотле паста на вкус
- 1/2 чаена лъжичка домашен дресинг и смес за потапяне
- 1/4 среден лайм, изстискан

Упътвания

a) За Chipotle Ranch Dip: Комбинирайте всички съставки, разбъркайте добре
b) Комбинирайте свинско панко, пармезан и овкусена сол.
c) Разбийте 1 яйце и къри паста в 1 купа и сместа за паниране в друга.
d) Потопете парчета пържола в яйце, след което панирайте. Поставете върху тава или чиния, покрита с восъчна хартия.
e) Замразете панирани сурови хапки от пържоли за 30 минути преди пържене.
f) Загрейте олиото до приблизително 325 градуса F и запържете хапките от пържоли, докато покафенеят, около 2-3 минути.
g) Прехвърлете в чиния, покрита с хартиена кърпа, подправете с малко сол и сервирайте с Chipotle Ranch.

25. Супа от еленски кюфтета

съставки:
- ½ килограма постно еленско или агнешко месо,
- Смлян два пъти
- ½ чаша варен ориз, мляно жито
- ¼ чаша ситно нарязан лук
- ¼ чаша ситно нарязан магданоз
- 2 кутии Кондензиран пилешки бульон
- 2 кутии вода
- ⅓ чаша лимонов сок
- 2 яйца
- Сол пипер

ИНСТРУКЦИИ

a) Комбинирайте първите четири съставки. Оформете ¾-инчови топки. Загрейте бульона и водата до точката на кипене. Добавете кюфтета; оставете да къкри 15 до 20 минути. В супник разбийте лимоновия сок и яйцата до гладкост.

b) Разбийте постепенно в горещия бульон. Последни добавете кюфтетата. Подправете на вкус със сол, черен пипер.

26. **Задушени еленски кубчета**

съставки:

- 2 фунта еленско месо за задушаване Брашно за драгиране
- Дебел
- 2 средни глави лук , нарязани
- 2 скилидки чесън, нарязани на ситно
- 2 т. настъргано сирене чедър
- 2 т. сол
- ½t. пипер
- 2 с. вода
- 5 т. сос за барбекю
- 1 малка консерва гъби или ¼ фунта нарязани гъби (по избор)

ИНСТРУКЦИИ

a) Отстранете видимата мазнина от месото. Нарежете месото на 1-инчови кубчета; потопете в брашно и запържете в сгорещена мазнина.

b) Добавете лук и чесън; кафяво леко. Добавете сиренето сол, черен пипер, вода и барбекю сос.

c) Покрийте и оставете да къкри около 1 час и 30 минути; разбърквайте от време на време, за да предотвратите залепването. Добавете гъби преди сгъстяване на соса.

27. Чили от еленско месо

съставки:
- ½ фунта пинто или червен боб
- 4 паунда едро накълцано еленско месо (врат, хълбок, плато, гърди, кръгло, задница, бут) 1½ т. семе от кимион
- ½ с. нарязан саут или коремче, нарязани на ивици жулиен
- 6 глави лук с добър размер, нарязани
- 2-4 скилидки чесън, смлени
- 1 т. риган
- 3 Т. прясно чили на прах
- 1 голяма консерва италиански белени домати
- 1 малка консерва зелени люти чушки
- Сол и черен пипер
- Щипка сос Табаско (по избор)
- 2 Т. мигновена маса харина или царевично брашно

ИНСТРУКЦИИ

a) Измийте боба, покрийте с прясна студена вода, оставете да заври и оставете да къкри 2 минути; оставете да престои, плътно покрито, 1 час. Пригответе месото (разфасовките за задушаване са най-добри, ако са без мазнина), като нарежете на 1-инчови кубчета.

b) Поставете семената от кимион в тиган на среден огън и ги дръжте да се движат, докато започнат да пушат и придобият цвят на препечен хляб; след което ги разстелете върху равна повърхност и намачкайте с точилка. Сега разтопете сала или коремчето в голям тиган; можете да замените достатъчно растително масло или друга мазнина, за да покриете дъното на тигана, но ще загубите месен вкус.

c) Веднага щом мазнината се разтопи или започне да цвърчи, добавете парчета месо по няколко и запържете, като обръщате кубчетата, за да запечатате всички страни.

d) Намалете топлината и добавете лука и чесъна, като разбърквате от време на време, докато лукът стане прозрачен. Добавете пържено семе от кимион, риган и най-пресния чили на прах, който можете да получите; разбъркайте, за да покриете месото с подправки, добавете домати и зелени люти чушки и доведете до точка на кипене, след което намалете топлината, за да къкри.

e) Оставете накиснатия боб отново да заври и оставете да шупне почти незабележимо, докато омекне - 30 минути до един час, в зависимост от зърната.

f) Междувременно наблюдавайте месната смес, за да видите дали не е прекалено суха, добавяйки вода или бульон, ако е необходимо, за да поддържате доста течна консистенция. Опитайте за подправки, добавете сол и черен пипер, ако е необходимо, и щипка табаско според вкусовите ви рецептори.

g) След около 1½ час (времето ще зависи от качеството и здравината на еленските разфасовки) вземете проба от месото; ако е крехко, отстранете излишната мазнина - или оставете в хладилник за една нощ, за да оставите мазнината да коагулира за лесно отстраняване. Добавете маса харина за сгъстяване.

h) След това комбинирайте чилито със сварен боб, върнете го до точката на кипене и оставете ароматите да се смесят за още 30 минути.

28. Еленска супа

съставки:
- 2 или 3 фунта. еленски кокали с малко месо
- 1-16 унции опаковка Замразени зеленчуци за супа
- 1 Т. магданоз
- 1 скилидка чесън, смлян
- Сол и черен пипер
- 1-16 унции консерва домати

ИНСТРУКЦИИ

a) Поставете костите в холандска фурна и ги покрийте едва с вода. Оставете да къкри два часа. Отстранете костите и издърпайте останалото месо с вилица. Нарежете всякакви големи парчета. Запазете три чаши от бульона и изхвърлете останалите.

b) Добавете месото, замразените зеленчуци, магданоза, чесъна, сол и черен пипер. Намачкайте или нарежете доматите и ги сложете в тенджерата, заедно със сока от консервата.

c) Разбъркайте, оставете да заври бързо. Намалете топлината до много ниска, покрийте плътно и оставете да къкри за един час. Добавете малко вода, ако е необходимо.

d) След това добавете още малко черен пипер и сервирайте.

29. Бък и бърбън

съставки:
- 2-2½ фунта. еленско месо, нарязано на 1½" кубчета
- 5 Т. брашно
- 1 т. сол
- ¼ т. пипер
- 1½ Т. масло или свинска мас
- 2 средни глави лук, нарязани на кубчета
- ½c. наситнен зелен пипер
- 2 скилидки чесън, нарязани на кубчета
- 1 чаша доматен сос, консервиран или домашен
- ½t. мащерка или счукан розмарин (или и двете)
- 3 унции бърбън
- ½c. вода с кубче бульон

ИНСТРУКЦИИ

a) В тиган (с капак за по-късна употреба) запържете на бавен до среден огън кубчетата месо, изтръскани или оваляни в брашно, сол и черен пипер. Не натрупвайте парчетата месо, а запържете в олиото или свинската мас и ги извадете, когато са готови, след което оставете настрана.

b) Задушете лука, зеления пипер и чесъна в същия тиган, докато омекнат.

c) Добавете запечени кубчета месо и останалите съставки, покрийте и оставете да къкри бавно за около 1½ часа.

30. Пържола от еленско месо или лос

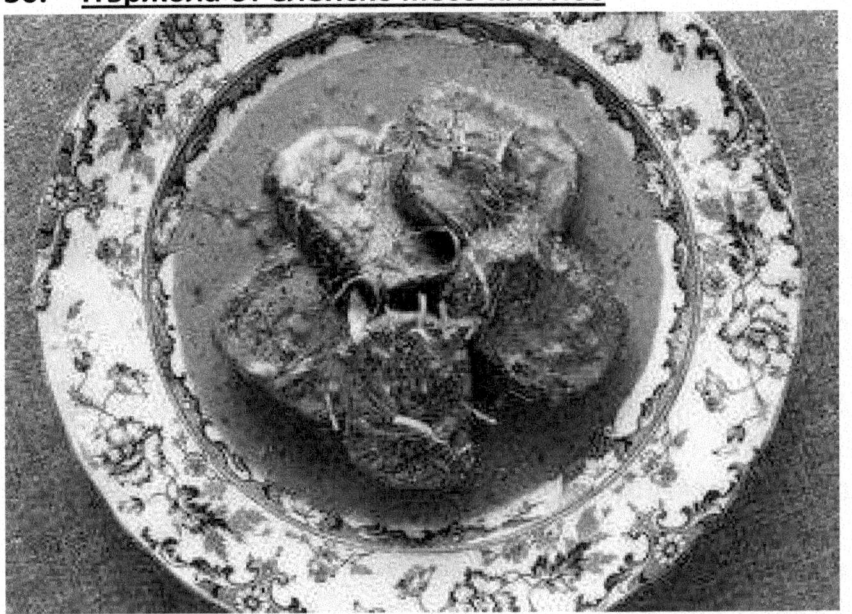

съставки:
- 4-5 глави лук
- 3 зелени чушки
- 18-20 гъби
- ¼ фунт масло
- 2 дафинови листа
- 3-4 фунта еленски или лосови пържоли, 1½-2 инча дебелина
Сол и черен пипер
- 4 скилидки чесън, счукани

ИНСТРУКЦИИ

a) Лукът, зелената чушка и гъбите се нарязват на кубчета. Вземете чугунен тиган и ги запържете в маслото с дафиновите листа. След това вземете пържолата и натрийте сол, черен пипер и натрошени скилидки чесън

b) в месото от двете страни. Запържват се с лука и чушките. Не преварявайте, защото това ще го направи жилаво.

31. Игра Наденица

съставки:
- 1 малка глава лук, наситнена
- 2 скилидки чесън, наситнени
- 6 унции свинска мас, нарязана на едро
- 1 чаша сухо шери
- ½lb червен фланг на играта
- ½lb месо от еленска яхния ¼ с. наситнен магданоз 1т. мащерка
- 1 Т. кошерна сол
- ½t. едро смлян черен пипер
- 1 Т. Уорчестър сос
- 2 т. семе от копър
- 2 т. кимион
- Щипка селитра
- Обвивки за колбаси, накиснати за 30 минути на топло
- вода

ИНСТРУКЦИИ

a) Запържете бавно лука и чесъна в мазнината, докато станат слаби и златисти. Добавете шерито и гответе по-бързо 4-5 минути.

b) Нарежете двете меса на груби парчета и ги поставете в кухненския робот или през средното острие на мелница заедно със сместа от лук и чесън и останалите съставки .

c) Запържете малко от тази смес и опитайте, за да видите дали е достатъчно подправена; ако не, поправете. Ако нямате пълнител за колбаси, използвайте найлонов плик.

d) Плъзнете част от напоената обвивка нагоре върху фунията. Завържете възел в далечния край. Прекарайте плънката през фунията. След като обвивката е пълна с около 2½ инча, завъртете я и я завържете, след което продължете, докато месото на колбаса се изразходва. Завържете възел в края на кожуха.

e) ГОТВЕНЕ: Наденицата се задушава във вода, за да се покрие, леко се посолява и поръсва с черен пипер. Трябва да се сварят за 15 минути.

32. <u>Еленска наденица</u>

съставки:
- 10 lb еленско месо
- 10 фунта свинско месо
- ¼ фунта сол
- 4 или 5 скилидки чесън, счукани
- 3 Т. счукани червени чушки
- 8 Т. втрива градински чай
- 4 lb обвивки за колбаси

ИНСТРУКЦИИ

a) Еленското и свинското месо се смилат веднъж, добавят се подправките, разбърква се и се смила още два пъти. Напълнете месото в добре измити обвивки или направете банички.

b) При сервиране оставете около ½ lb. на човек. Поставете в тежък тиган с достатъчно вода, за да покрие дъното на тигана. Гответе под капак на средно слаб огън, 30 до 45 минути. Отстранете капака и кафяво. Прави около 40 порции. Съхранявайте във фризер.

33. **Пикантни кебаби от еленско месо**

съставки:
- 1½ до 2 фунта еленско месо, нарязано на 1" кубчета
- ¾с. бутилиран италиански салатен дресинг
- ¼ с. лимонов сок
- 1 T. сос Worcestershire
- ¼ с. смлян зелен лук
- 2 малки зелени чушки, разполовени и четвъртинки
- 1 средно голяма глава лук, нарязана на филийки
- 8 пресни гъби
- 8 чери домати

ИНСТРУКЦИИ

a) Комбинирайте дресинга, лимоновия сок, Worcestershire и лука в стъклена тава. Добавете месото, покрийте и мариновайте в хладилника, като обръщате месото от време на време за 4 часа или цяла нощ.

b) На шишче за кебап нанижете чушка, еленско месо, лук, гъба, повторете, като започнете с чушка.

c) Намажете с останалата марината. Поставете кебабите върху скара или дървени въглища (един слой) и гответе около 10 минути, като ги обръщате от време на време.

d) Отгоре сложете чери домати, обърнете кабоба, намажете с марината и гответе още 5 минути или до желаната готовност.

e) Прави 4 порции (по 2 кебаба).

34. Фирма Еленска яхния

съставки:
- 6 унции постна сланина
- ¾ c. брашно ½ т. брашно t. пипер
- 3 фунта 4 унции еленско месо, на кубчета
- 1 lb. лук, нарязан
- 1 lb моркови, дебело нарязани
- 1 голяма консерва зрели маслини без костилки
- 3½ с. телешки бульон
- червено вино
- 1 T. оцет
- 3 унции доматена паста
- 1 скилидка чесън, смлян
- ¾ t. мащерка, счукана
- 1 дафинов лист
- ° C. магданоз, наситнен

ИНСТРУКЦИИ

a) Смесете брашното, солта и черния пипер и издълбайте еленските кубчета. В голям глинен съд наредете бекон, кубчета еленско месо и зеленчуци.

b) Смесете телешкия бульон и останалите съставки. Изсипете всичко и оставете да къкри на висока температура 8-12 часа или докато вилицата омекне.

35. Еленски салам

съставки:
- 2 lb смляно еленско месо
- 1 чаша вода
- 2 T. Втвърдителна сол
- 1 T. Течен дим
- 1 T. чесън на прах
- 1 T. лук на прах
- 1 т. пресен начукан пипер
- 1 T. пресен пипер на зърна
- 1 т. кимион
- 1 T. синапено семе
- ¼ т. лют червен пипер

ИНСТРУКЦИИ

a) Смесете всички съставки заедно и навийте на малки рулца с диаметър около 1½ инча.

b) Охладете за 24 часа, за да се развият вкусовете. Поставете върху тава и печете на 300/ за 30-45 минути.

36. американски Еленска наденица

СЪСТАВ:
- 4 паунда грубо смляно еленско месо
- 1 килограм фин смлян бекон
- 1 супена лъжица сол
- 1 супена лъжица градински чай
- 1 чаена лъжичка бахар
- 2 супени лъжици захар
- 1 чаена лъжичка кориандър
- 1½ чаена лъжичка синапено семе
- 6 скилидки пресован чесън
- 2 супени лъжици черен пипер
- 1 чаша студена вода

ИНСТРУКЦИИ:
a) Комбинирайте всички съставки, разбъркайте добре и напълнете в свинската обвивка.
b) За готвене, варене, печене или пържене.

37. Хрупкави такос от еленско месо

Прави: 7 порции

СЪСТАВ:
- 1 килограм смляно еленско месо
- 21 черупки тако
- 2 супени лъжици сос тако
- 1 консерва Taco Bell повторно пържен боб
- 1-2 чаши настъргана маруля
- 1 чаена лъжичка смес от подправки за чили
- 1½ чаши натрошено сирене

ИНСТРУКЦИИ:
a) Започнете да загрявате фурната си до 325 градуса по Целзий и след това изпечете смляното еленско месо в среден тиган, докато се запече фино.
b) Добавете 2 супени лъжици сос, подправките и препържения боб, варете, докато се затопли добре.
c) Междувременно загрейте всяка тортила във фурната за няколко минути и след това я сглобете със зелена салата, сос, смес от месо и малко натрошено сирене.

38. Къмпинг Еленска шунка

СЪСТАВ:
ЦЯЛ ДЕН
- 1 еленска шунка

МАРИНОВЕТЕ ЗА ЕДНА НОЩ:
- зехтин
- червено вино
- горчица
- подправки, сол и черен пипер

СПЕЦИАЛНО ОБОРУДВАНЕ:
- тензух
- мокра глина
- чук

ИНСТРУКЦИИ:

a) Започнете подготовката рано сутринта. Увийте шунката в тензух. След това покрийте изцяло с доброкачествена, мокра глина, с дебелина около ¼ от инча. Уверете се, че цялата шунка е покрита равномерно.

b) Запалете огън на място, където може да бъде безопасно поставен. Може да се използва яма. Изградете щедър огън, включително малко твърда дървесина. Когато в огъня има нажежени въглища, покрийте напълно шунката, насипете огъня с пръст, извадена от ямата, или пепел от предишен ден.

c) Оставете шунката във въглищата цял ден. Когато изпичането приключи, глината ще звучи като керамична повърхност при почукване.

d) Ударете глината с твърд предмет, чукът е добър. Ударът трябва да счупи глината по целия път около шунката.

e) Отстранете кърпата. Сервирайте.

39. Връх филе от еленско месо

СЪСТАВ:
- избрани разфасовки от еленско месо
- 3 глави лук Vidalia (нарязани)
- чесън
- сол и черен пипер (на вкус)
- ½ чаша брашно
- 3 опаковки любим кафяв сос микс зелени чушки
- други зеленчуци по желание

ИНСТРУКЦИИ:

a) Вземете избрани разфасовки от еленско месо и премахнете цялата сребърна кожа. Измийте обилно. Запържете на огън за около 2 минути от всяка страна. Нарежете на кубчета. Махнете тигана от огъня.

b) Добавете лук, чесън, сол и черен пипер. Карамелизирайте лука и след това извадете от тигана.

c) Вземете смес от брашно и сос и добавете към една чаша вода в голям тиган.

d) Докато бъркате на горещ огън, добавете еленско месо, зелени чушки и други зеленчуци по желание. Разбърквайте често, докато целият сос и брашното се абсорбират в соса.

40. Еленско месо на барбекю

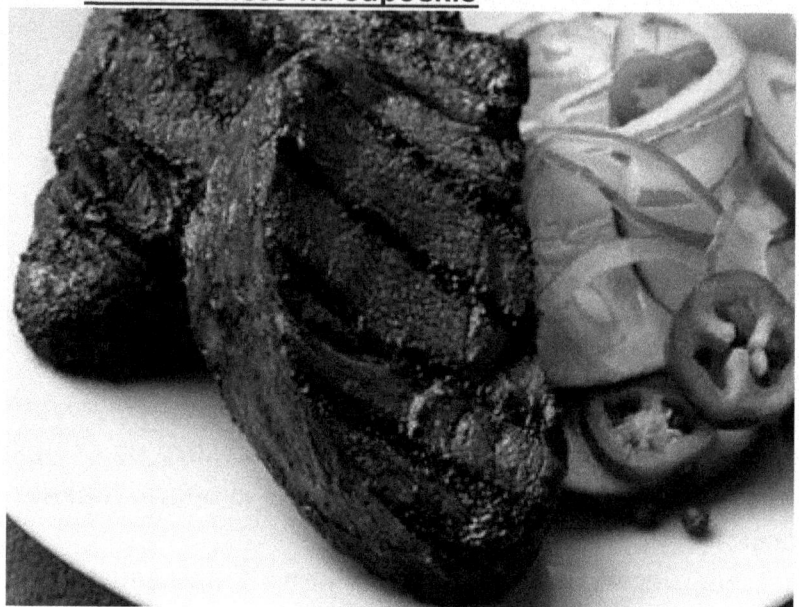

СЪСТАВ:
- 1-28 унции бутилка приготвен барбекю сос
- 1 чаша кетчуп
- 2 Т. кисели краставички
- 1 чаша телешки бульон или сок от печено еленско месо
- 1 малка глава лук, наситнена
- 2 клона целина, нарязани
- 2 паунда варено печено еленско месо

ИНСТРУКЦИИ: :

a) Смесете всички **СЪСТАВКИ:** с изключение на еленското месо в голяма тенджера. Гответе на слаб огън около 30 минути или докато сосът стане гъст.

b) Нарежете печено месо в кипящия сос и оставете да къкри, докато месото се загрее.

c) Прави 5 порции по 2 обилни сандвича на човек.

41. Еленско Строганов

Сервира 4

- 1 супена лъжица зехтин
- 1 килограм смляно еленско месо
- 1 среден лук, нарязан
- 1/2 килограм гъби, нарязани
- 2-4 скилидки чесън, смлени
- Сол и черен пипер на вкус
- 1 чаша неподсладено кокосово мляко
- 1 супена лъжица арарут
- 2 чаши варени макаронени изделия от кафяв ориз

a) Загрейте олиото в голям тиган на среден огън. Добавете смляното месо и лука и гответе, докато телешкото покафенее, а не вече розово.
b) Добавете гъбите и чесъна. Продължете да готвите, докато гъбите покафенеят. Подправете със сол и черен пипер.
c) Смесете кокосовото мляко с арарут и добавете към месната смес.
d) Оставете да заври, намалете котлона и оставете да къкри няколко минути.
e) Сервирайте върху юфката с кафяв ориз.

42. Салата от еленско и спанак

Обслужва 2

САЛАТА С ПЪРЖОЛА
- 1 еленска пържола
- Сол и черен пипер на вкус
- 3-4 чаши листа бейби спанак
- 1 чаша нарязани ягоди
- 1/4 чаша филирани бадеми

ВИНЕГРЕТ:
- 1 чаша нарязани ягоди
- 2/3 чаша екстра върджин зехтин
- 1/2 чаша дестилиран бял оцет
- 2 скилидки чесън, смлени
- 1 1/2 чаена лъжичка маково семе
- 1 чаена лъжичка сол
- Прясно смлян черен пипер на вкус

a) Комбинирайте всички съставки в кухненски робот или блендер и пюрирайте до гладкост.
b) Пригответе скарата на средно висока степен.
c) Подправете еленското месо със сол и черен пипер и го запечете на скара за около 5 минути от всяка страна или докато се свари до желаната готовност.
d) Оставете еленското месо да престои 10 минути, след което го нарежете.
e) Хвърлете спанака с ягодите и поставете в чинии. Поръсете с бадемите и отгоре наредете нарязаното еленско месо.
f) Поръсете винегрета върху салатата и сервирайте веднага.

43. Хвойнови еленски пържоли с червено зеле

Прави: 2

СЪСТАВ:
- 1 чаена лъжичка плодове от хвойна
- 2 х 200 г еленски пържоли
- 1 супена лъжица мек зехтин
- 100мл порт
- 250 мл пилешки бульон
- 1 чаена лъжичка листа от мащерка
- 1 супена лъжица желе от червено вино
- 25 г масло
- Морска сол и прясно смлян черен пипер
- За задушеното червено зеле
- 50 г масло
- 1 малка глава лук, обелена и нарязана на ситно
- 2 скилидки чесън, обелени и нарязани на ситно
- 1 супена лъжица мека кафява захар
- 1 супена лъжица червен винен оцет
- 100 мл червено вино
- 300 г червено зеле, настъргано
- 100 мл пилешки бульон
- ½ чаена лъжичка смлени смесени подправки

ИНСТРУКЦИИ:
a) Загрейте фурната до 200°C/180°C вентилатор/газ 6.
b) Първо направете червеното зеле. Поставете тенджера на среден огън и добавете половината масло. Когато се разтопи, добавете лука и гответе 2 минути, преди да добавите чесъна и да готвите още една минута. Добавете захарта, оцета, виното, зелето, пилешкия бульон и смесените подправки. Оставете да къкри леко и гответе 10-12 минути или докато зелето омекне.
c) Междувременно с помощта на пестик и хаванче натрошете хвойната. Поръсете от двете страни еленското месо и овкусете със сол и черен пипер.

d) Поставете огнеупорен тиган с незалепващо покритие на силен огън. Когато се сгорещи, добавете олиото, след това еленските пържоли и запържете за 1-2 минути от всяка страна в зависимост от дебелината им. Прехвърлете тигана във фурната за около 6 минути за средно изпечени пържоли. Сложете пържолите да починат на топло.

e) Поставете тигана обратно на котлона, като държите кърпа увита около дръжката, тъй като ще бъде много горещ. Деглазирайте тигана с портото и го оставете да намалее наполовина.

f) Добавете пилешкия бульон и мащерката и оставете и това да се намали наполовина. Прецедете сместа през цедка, след което я изсипете обратно в тавата. Когато е горещо, добавете желето от червено вино, оставете го да се разтопи, след това разбъркайте с маслото. Подправете на вкус и отстранете от огъня.

g) Проверете зелето, подправете със сол и черен пипер на вкус, след което разбъркайте останалите 25 г масло.

h) Нарежете еленското месо на дебели филийки и го наредете в чинии с червеното зеле. С лъжица налейте портвайн соса върху месото за сервиране.

44. Пълнеж за пай с кайма

съставки:
- 2 чаши нарязан саут
- 4 lbs телешка кайма или 4 lb смляно еленско месо и 1 lb наденица
- 5 литра нарязани ябълки
- 2 lbs тъмни стафиди без семки
- 1 lb бели стафиди
- 2 литра ябълков сайдер
- 2 супени лъжици смляна канела
- 2 супени лъжици смляно индийско орехче
- 5 чаши захар
- 2 супени лъжици сол

ИНСТРУКЦИИ

a) Гответе месото и сала във вода, за да избегнете покафеняване. Обелете ябълките, почистете ги от сърцевината и на четвъртинки. Поставете месото, лоза и ябълките през мелница за храна, като използвате средно острие.

b) Комбинирайте всички съставки в голяма тенджера и оставете да къкри 1 час или докато леко се сгъсти. Разбърквайте често.

c) Напълнете горещите буркани със сместа без забавяне, оставяйки 1 инч свободно пространство.

d) Отстранете въздушните мехурчета и регулирайте свободното пространство, ако е необходимо. Избършете ръбовете на бурканите с навлажнена чиста хартиена кърпа.

e) Регулирайте капаците и обработете.

45. Супа от еленски кюфтета

Съставка
- ½ паунда   постно еленско или агнешко месо,
- Смлян два пъти
- ½ чаша варен ориз
- ¼ чаша   Ситно нарязан лук
- ¼ чаша   Ситно нарязан магданоз
- 2 кутии   Кондензиран пилешки бульон
- (10-1/2 унции всяка)
- 2 кутии   вода
- ⅓ чаша   Лимонов сок
- 2   яйца
- Сол пипер

ИНСТРУКЦИИ

a) Комбинирайте първите четири **съставки** s. Оформете ¾-инчови топки. Загрейте бульона и водата до точката на кипене.

b) Добавете кюфтета; оставете да къкри 15 до 20 минути. В супник разбийте лимоновия сок и яйцата до гладкост.

c) Разбийте постепенно в горещия бульон. Последни добавете кюфтетата. Подправете на вкус със сол, черен пипер.

46. Чили от еленско месо

СЪСТАВ:
- ½ фунта пинто или червен боб
- 4 паунда едро накълцано еленско месо (врат, хълбок, плато, гърди, кръгло, задница, бут) 1½ т. семе от кимион
- ½с. нарязан саут или коремче, нарязани на ивици жулиен
- 6 глави лук с добър размер, нарязани
- 2-4 скилидки чесън, смлени
- 1 т. риган
- 3 Т. прясно чили на прах
- 1 голяма консерва италиански белени домати
- 1 малка консерва зелени люти чушки
- Сол и черен пипер
- Щипка сос Табаско (по избор)
- 2 Т. мигновена маса харина или полента

ИНСТРУКЦИИ:

a) Измийте боба, покрийте с прясна студена вода, оставете да заври и оставете да къкри 2 минути; оставете да престои, плътно покрито, 1 час. Пригответе месото (разфасовките за задушаване са най-добри, ако са без мазнина), като нарежете на 1-инчови кубчета.

b) Поставете семената от кимион в тиган на среден огън и ги дръжте да се движат, докато започнат да пушат и придобият цвят на препечен хляб; след което ги разстелете върху равна повърхност и намачкайте с точилка. Сега разтопете сала или коремчето в голям тиган; можете да замените достатъчно растително масло или друга мазнина, за да покриете дъното на тигана, но ще загубите месен вкус.

c) Веднага щом мазнината се разтопи или започне да цвърчи, добавете парчета месо по няколко и запържете, като обръщате кубчетата, за да запечатате всички страни.

d) Намалете топлината и добавете лука и чесъна, като разбърквате от време на време, докато лукът стане прозрачен. Добавете пържено семе от кимион, риган и най-пресния чили на прах, който можете да получите; разбъркайте, за да покриете месото с подправки, добавете домати и зелени люти чушки и доведете до точка на кипене, след което намалете топлината, за да къкри.

e) Оставете накиснатия боб отново да заври и оставете да шупне почти незабележимо, докато омекне - 30 минути до един час, в зависимост от зърната.

f) Междувременно наблюдавайте месната смес, за да видите дали не е прекалено суха, добавяйки вода или бульон, ако е необходимо, за да поддържате доста течна консистенция. Опитайте за подправки, добавете сол и черен пипер, ако е необходимо, и щипка табаско според вкусовите ви рецептори.

g) След около 1½ час (времето ще зависи от качеството и здравината на еленските разфасовки) вземете проба от месото; ако е крехко, отстранете излишната мазнина - или оставете в хладилник за една нощ, за да оставите мазнината да коагулира за лесно отстраняване. Добавете маса харина за сгъстяване.

h) След това комбинирайте чилито със сварен боб, върнете го до точката на кипене и оставете ароматите да се смесят за още 30 минути.

47. Американски еленови рогоносци

СЪСТАВ:
- Стомах на елен
- 3 унции суит
- 1 глава лук
- 8 унции еленско месо
- 3 унции овесени ядки
- сол пипер

ИНСТРУКЦИИ:

a) Смесете горните съставки. Измийте стомаха на елена и го обърнете наопаки.

b) Напълнете корема със сместа, след което завържете двата края. Вари се 45 минути.

c) Когато сте готови да ядете този необичаен колбас, го запържете в сгорещена мазнина до кафяво, около 15 минути. Сервирайте горещ.

48. Еленско месо

2 паунда смляно еленско месо
1/2 чаша галета
1/2 чаша мляко
1 голямо яйце
1/4 чаша кетчуп
1 супена лъжица сос Worcestershire
1 чаена лъжичка чесън на прах
1 чаена лъжичка лук на прах
Сол и черен пипер на вкус

ИНСТРУКЦИИ

Загрейте фурната до 350°F (180°C).

В голяма купа смесете смляното еленско месо, галета, мляко, яйце, кетчуп, сос Worcestershire, чесън на прах, лук на прах, сол и черен пипер.

Разбъркайте добре и оформете питка.

Поставете питката в съд за печене и печете 1 час или докато се свари.

Оставете да почине за 5 минути, преди да нарежете и сервирате.

49. Бургер от еленско месо

1 lb смляно еленско месо
1/4 чаша галета
1 яйце
1 чаена лъжичка сос Worcestershire
1/2 чаена лъжичка чесън на прах
1/2 чаена лъжичка лук на прах
Сол и черен пипер на вкус
Питки за бургер и топинги по избор
ИНСТРУКЦИИ

В голяма купа смесете смляното еленско месо, галета, яйце, сос Worcestershire, чесън на прах, лук на прах, сол и черен пипер.

Разбъркайте добре и оформете четири банички.

Загрейте скара или тиган на средно висока температура.

Печете баничките по 3-4 минути от всяка страна или докато се сварят по ваш вкус.

Сервирайте върху хлебчета с любимите си гарнитури.

50. Еленско печено

3-4 фунта еленско печено
1 голяма глава лук, нарязана
4 скилидки чесън, смлени
2 чаши телешки бульон
1 чаша червено вино
2 супени лъжици зехтин
2 супени лъжици балсамов оцет
1 супена лъжица дижонска горчица
1 чаена лъжичка сушена мащерка
1 чаена лъжичка сух розмарин
Сол и черен пипер на вкус

ИНСТРУКЦИИ

Загрейте фурната до 350°F (180°C).

Загрейте зехтина в голяма холандска фурна на средно висока температура.

Добавете еленското месо и го запечете от всички страни.

Извадете еленското месо от тенджерата и го оставете настрана.

Добавете лука и чесъна в тенджерата и гответе, докато лукът стане прозрачен.

Добавете телешкия бульон, червеното вино, балсамовия оцет, дижонската горчица, мащерката, розмарина, солта и черния пипер.

Върнете еленското месо в тенджерата и го оставете да заври.

Покрийте тенджерата и прехвърлете във фурната.

Печете 2-3 часа, или докато еленското месо омекне и се разпадне лесно.

Сервирайте горещ с картофено пюре или печени зеленчуци.

51. Еленски овчарски пай

2 паунда месо от еленска яхния, нарязано на кубчета
2 супени лъжици зехтин
1 голяма глава лук, нарязана
3 скилидки чесън, смлени
2 чаши телешки бульон
1 чаша червено вино
4 моркова, обелени и нарязани
2 стръка целина, нарязани
2 картофа, обелени и нарязани на кубчета
1 чаена лъжичка сушена мащерка
1 чаена лъжичка сух розмарин
Сол и черен пипер на вкус
4 чаши картофено пюре
1 чаша настъргано сирене чедър

ИНСТРУКЦИИ

Загрейте фурната до 375°F (190°C).

В голяма тенджера загрейте зехтина на среден огън.

Добавете еленското месо и го запечете от всички страни.

Добавете лука и чесъна и гответе, докато лукът стане прозрачен.

Добавете телешкия бульон, червеното вино, морковите, целината, картофите, мащерката, розмарина, сол и черен пипер.

Оставете да заври, след това намалете котлона до минимум и оставете да къкри 1-2 часа, като разбърквате от време на време.

Изсипете с лъжица еленската смес в голяма тава за печене.

Върху еленското месо разпределете картофеното пюре.

Поръсете с натрошено сирене чедър.

Печете 30 минути или докато сиренето се разтопи и стане мехурче.

Сервирайте горещ.

52. Еленски шишчета

2 паунда месо от еленска яхния, нарязано на кубчета
1/2 чаша зехтин
1/4 чаша балсамов оцет
2 супени лъжици дижонска горчица
2 супени лъжици мед
1 супена лъжица смлян чесън
1 супена лъжица сушена мащерка
Сол и черен пипер на вкус
Дървени шишчета, накиснати във вода за 30 минути
ИНСТРУКЦИИ

В голяма купа разбийте заедно зехтина, балсамовия оцет, дижонската горчица, меда, чесъна, мащерката, солта и черния пипер.

Добавете нарязаното на кубчета еленско месо към маринатата и разбъркайте.

Покрийте и охладете за поне 2 часа или за една нощ.

Загрейте грила на средно висока температура.

Нанижете еленското месо на дървените шишчета.

Печете на грил за 6-8 минути от всяка страна или докато еленското месо се сготви до желаната от вас готовност.

Сервирайте горещ със зеленчуци на скара или салата.

53. Такос от еленско месо

2 паунда месо от еленска яхния, нарязано на кубчета
1 супена лъжица зехтин
1 голяма глава лук, нарязана
3 скилидки чесън, смлени
2 чушки, нарязани
1 супена лъжица чили на прах
1 супена лъжица кимион
1 чаена лъжичка пушен червен пипер
Сол и черен пипер на вкус
Царевични тортили, затоплени
Настъргана маруля, нарязани домати, настъргано сирене чедър и заквасена сметана за сервиране (по желание)

ИНСТРУКЦИИ

Загрейте зехтина в голям тиган на средно висока температура.

Добавете еленското месо и гответе, докато покафенее от всички страни.

Извадете еленското месо от тигана и го оставете настрана.

Добавете лука, чесъна и чушките в тигана и гответе, докато омекнат.

Добавете чили на прах, кимион, пушен червен пипер, сол и черен пипер в тигана и разбъркайте, за да се смесят.

Върнете еленското месо в тигана и разбъркайте, за да се покрие с подправките.

Гответе още 5-10 минути или докато еленското месо се сготви до желаната от вас готовност.

Сервирайте еленската смес в топли царевични тортили, гарнирани с настъргана маруля, нарязани домати, настъргано сирене чедър и заквасена сметана, ако желаете.

54. Еленска пържола с боровинков сос

4 еленски пържоли
Сол и черен пипер на вкус
1 супена лъжица зехтин
1 супена лъжица масло
1/2 чаша боровинки
1/4 чаша червено вино
1/4 чаша телешки бульон
2 супени лъжици мед
1 супена лъжица балсамов оцет

ИНСТРУКЦИИ

Овкусете еленските пържоли със сол и черен пипер.

Загрейте зехтина и маслото в голям тиган на средно висока температура.

Добавете еленските пържоли към тигана и гответе по 2-3 минути от всяка страна за средно печене или повече, ако желаете.

Извадете еленските пържоли от тигана и ги оставете настрана.

Добавете боровинките, червеното вино, телешкия бульон, меда и балсамовия оцет в тигана и разбъркайте, за да се комбинират.

Оставете да къкри за 5-10 минути, или докато сосът се сгъсти и боровинките се спукат.

Поднесете еленските пържоли топли с боровинковия сос.

55. Еленско пържене

2 паунда месо от еленска яхния, нарязано на ситно
1 супена лъжица царевично нишесте
1 супена лъжица соев сос
1 супена лъжица оризово вино
1 супена лъжица растително масло
2 скилидки чесън, смлени
1 инч джинджифил, обелен и смлян
1 глава лук, нарязана
1 червена чушка, нарязана
1 зелена чушка, нарязана
Сол и черен пипер на вкус

ИНСТРУКЦИИ

В купа разбийте заедно царевичното нишесте, соевия сос и оризовото вино.

Добавете нарязаното еленско месо в купата и разбъркайте, за да се покрие с маринатата.

Загрейте растителното масло в уок или голям тиган на висока температура.

Добавете чесъна и джинджифила и разбърквайте за 30 секунди.

Добавете нарязания лук и запържете за 1-2 минути, или докато омекне.

Добавете нарязаните чушки и ги запържете за 2-3 минути или докато станат хрупкави.

Извадете зеленчуците от уока или тигана и ги оставете настрана.

Добавете маринованото еленско месо в уок или тиган и запържете, като разбърквате, за 3-4 минути или докато покафенее и се свари.

Върнете зеленчуците в уока или тигана и разбъркайте, за да се комбинират.

Подправете със сол и черен пипер на вкус.

Сервирайте еленското пържено месо горещо с ориз или юфка.

56. <u>Еленски кюфтета с гъбен сос</u>

2 паунда смляно еленско месо
1/2 чаша галета
1/2 чаша мляко
1 яйце
2 супени лъжици наситнен пресен магданоз
2 скилидки чесън, смлени
1 супена лъжица зехтин
1 глава лук, наситнена
8 унции гъби, нарязани
1 чаша телешки бульон
1/4 чаша тежка сметана
Сол и черен пипер на вкус

ИНСТРУКЦИИ

В голяма купа смесете смляното еленско месо, галетата, млякото, яйцето, магданоза и чесъна.
Използвайте ръцете си, за да смесите всичко заедно, докато се комбинира добре.
Оформете от сместа кюфтета.
Загрейте зехтина в голям тиган на средно висока температура.
Добавете кюфтетата в тигана и гответе за 5-6 минути, или докато покафенеят от всички страни.
Извадете кюфтетата от тигана и ги оставете настрана.
Добавете лука и гъбите в тигана и ги запържете, докато омекнат.
Добавете телешкия бульон към тигана и разбъркайте, за да се комбинират.

Върнете кюфтенцата в тигана и оставете сместа да заври.

Покрийте и гответе за 10-15 минути, или докато кюфтетата се сварят.

Извадете кюфтетата от тигана и ги оставете настрана.

Добавете тежката сметана към тигана и разбъркайте, за да се комбинират.

Оставете да къкри за няколко минути или докато сосът се сгъсти.

Подправете със сол и черен пипер на вкус.

Поднесете еленските кюфтенца топли с гъбения сос.

57. <u>Venison Sloppy Joes</u>

1 lb смляно еленско месо
1 глава лук, наситнена
1 зелена чушка, нарязана
2 скилидки чесън, смлени
1 консерва доматен сос
1/4 чаша кетчуп
2 супени лъжици кафява захар
1 супена лъжица горчица
1 супена лъжица ябълков оцет
Сол и черен пипер на вкус
Питки за хамбургер, за сервиране

ИНСТРУКЦИИ

В голям тиган гответе смляното еленско месо на средно силен огън, докато покафенее.

Добавете лука, зелената чушка и чесъна в тигана и ги задушете, докато омекнат.

Разбъркайте доматения сос, кетчупа, кафявата захар, горчицата и ябълковия оцет.

Подправете със сол и черен пипер на вкус.

Оставете сместа да заври и гответе 10-15 минути, или докато сместа се сгъсти.

Сервирайте еленските сладкиши горещи върху кифлички за хамбургер.

58. Енчилада от еленско месо

съставки:
1 lb смляно еленско месо
1/2 глава лук, нарязан на кубчета
2 скилидки чесън, смлени
1 ч. л. смлян кимион
1 ч. л. чили на прах
1/2 ч. л. сол
1/4 ч. л. черен пипер
1 (10 унции) консерва сос енчилада
10 царевични тортили
1 чаша настъргано мексиканско смесено сирене
Нарязан пресен кориандър, за гарнитура

ИНСТРУКЦИИ

Загрейте фурната до 350°F. Намаслете тава за печене 9x13 инча.

В голям тиган гответе еленското месо на средно силен огън, докато покафенее, като разбърквате често.

Добавете лука и чесъна в тигана и гответе, докато омекнат.

Разбъркайте кимиона, чилито на прах, солта и черния пипер. Гответе 1-2 минути.

Изсипете соса енчилада в тигана и разбъркайте, за да се комбинира.

Сложете обилно количество от еленската смес върху всяка тортила и навийте стегнато руло. Поставете енчиладите с шевовете надолу в подготвения съд за печене.

Изсипете останалия сос върху енчиладите и поръсете с натрошено сирене.

Печете 20-25 минути или докато сиренето се разтопи и шупне.

Гарнирайте с нарязан кориандър и сервирайте.

59. Издърпано еленско месо

съставки:

3 lbs еленско печено
1 супена лъжица зехтин
1 супена лъжица пушен червен пипер
1 супена лъжица чесън на прах
1 супена лъжица лук на прах
1 супена лъжица чили на прах
1 чаша телешки бульон
1 чаша барбекю сос
Сол и черен пипер на вкус
ИНСТРУКЦИИ

Загрейте фурната си до 350°F (175°C).

Натрийте еленското печено със зехтин и подправете с пушен червен пипер, чесън на прах, лук на прах, чили на прах, сол и черен пипер.

Сложете еленското месо в тава за печене и отгоре го залейте с телешки бульон.

Покрийте съда с фолио и печете в предварително загрятата фурна за 3-4 часа, или докато еленското месо омекне на вилица.

Извадете еленското месо от съда за печене и накъсайте месото с две вилици.

Поставете настърганото еленско месо в голяма купа и разбъркайте в барбекю соса.

Сервирайте издърпаното еленско месо върху кифлички, върху ориз или върху канапе от зеленчуци.

60. Ловджийски Гювеч С Смляно Еленско Месо

съставки:

1 lb смляно еленско месо
1 супена лъжица зехтин
1 глава лук, наситнена
2 скилидки чесън, смлени
2 моркова, обелени и нарязани
2 стръка целина, нарязани
1 чаша замразен грах
1 чаша телешки бульон
1 чаша натрошени домати
2 супени лъжици доматено пюре
2 ч. л. сушена мащерка
Сол и черен пипер на вкус
4 чаши варено картофено пюре

ИНСТРУКЦИИ

Загрейте фурната си до 375°F (190°C).

Загрейте зехтина в голям тиган на средно висока температура. Добавете смляното еленско месо и гответе до покафеняване.

Добавете лука, чесъна, морковите и целината в тигана и гответе, докато омекнат.

Разбъркайте граха, телешкия бульон, натрошените домати, доматеното пюре, мащерката, сол и черен пипер.

Оставете сместа да заври и гответе 5-10 минути, или докато течността леко намалее.

Прехвърлете еленската смес в тава за печене 9x13 инча.

Разпределете картофеното пюре върху еленската смес.

Печете гювеча в предварително загрята фурна за 25-30 минути, или докато картофите се зачервят.

61. **Папарделе от еленска гъба**

съставки:

1 lb паста papardelle
1 lb смляно еленско месо
1/2 фунта гъби, нарязани
2 скилидки чесън, смлени
1/2 чаша телешки бульон
1/2 чаша сухо червено вино
1/2 чаша тежка сметана
1/4 чаша настърган пармезан
2 с.л. зехтин
Сол и черен пипер на вкус

ИНСТРУКЦИИ:

Сварете пастата papardelle според указанията на опаковката. Отцедете и оставете настрана.

В голям тиган загрейте зехтина на средно висока температура. Добавете смляното еленско месо и гответе до покафеняване, като го натрошавате на малки парчета с дървена лъжица.

Добавете нарязаните гъби и смлян чесън и гответе 5 до 7 минути или докато гъбите омекнат.

Налейте телешкия бульон и червеното вино и оставете да къкри.

Намалете топлината до средно ниска и оставете да къкри за 10 до 15 минути или докато течността се намали наполовина.

Разбъркайте с тежката сметана и настъргания пармезан и подправете със сол и черен пипер на вкус.

Добавете сварената паста папарделе в тигана и разбъркайте, докато се покрие добре със соса.

Сервирайте горещ, гарниран с допълнително настърган пармезан по желание.

62. Полумесец от еленско крема сирене

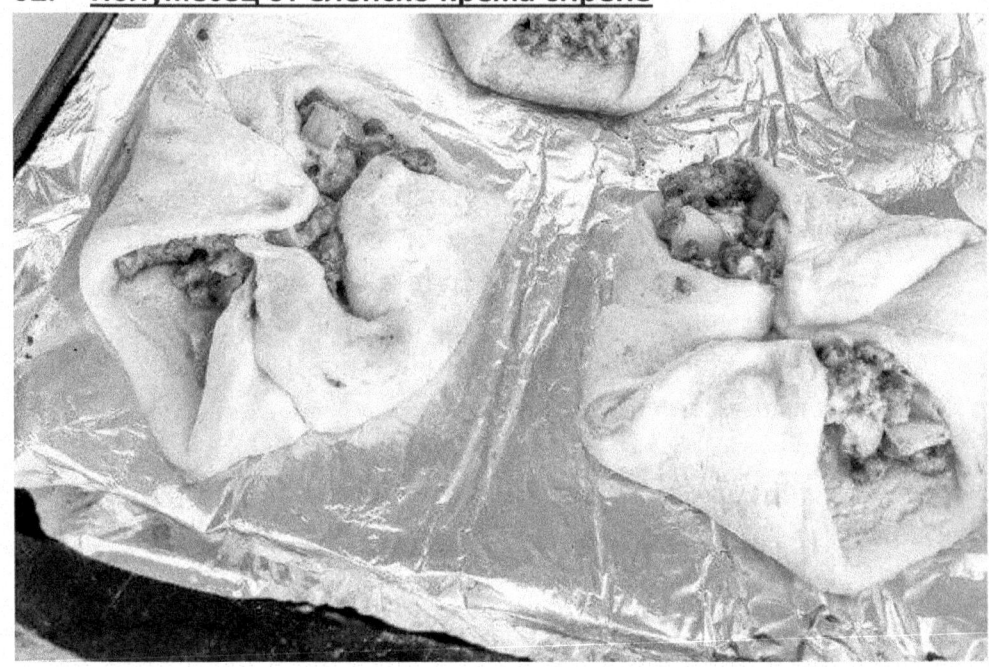

ПОРЦИИ 8 порции

СЪСТАВКИ
1 lb смляно еленско месо
8 унции крема сирене обикновено, омекотено на стайна температура
1/2 връзка зелен лук, нарязан
1/2 глава червен лук нарязан
1-2 халапеньо, нарязани на кубчета
2 пакетчета полумесеци
1/4 ч. л. чили на прах
1/4 ч. л. лук на прах
1/8 ч. л. лют червен пипер повече, ако обичате пикантно
Сол и черен пипер на вкус

ИНСТРУКЦИИ

Загрейте фурната до 350 градуса по Фаренхайт. Подгответе два средни листа за печене с хартия за печене и напръскайте с незалепващ спрей за готвене. Заделени.

Подправете еленското месо с чили на прах, лук на прах и лют червен пипер. Гответе в среден тиган на средно силен огън, докато се сварят.

Изцедете всяка мазнина, ако е необходимо.

Прехвърлете сготвеното еленско месо в голяма купа с омекналото крема сирене и добавете нарязан зелен лук, червен лук, жълт лук, халапеньо и подправете със сол и черен пипер на вкус.

С помощта на лъжица разбъркайте добре, докато съставките се разпределят равномерно и крема сиренето се смеси.

Извадете кифличките полумесец от опаковката и ги поставете върху листа за печене. Сложете около 1/3 чаша пълнеж върху всяко руло, докато всичките 8 се напълнят равномерно.

Сгънете всеки ъгъл на ролката към центъра и натиснете надолу, така че да е добре затворен. Добре е, ако има някакъв видим пълнеж между ъглите.

Поставете тавите за печене във фурната за 8-12 минути (или според инструкциите на опаковката) и извадете от фурната, когато рулцата с полумесец станат златистокафяви.

Сервирайте горещ. Сервирайте заедно с печени зеленчуци, картофено пюре от карфиол и/или гарнитура към салата.

Съхранявайте остатъците в херметически затворен контейнер в хладилника до 3 дни. Микровълнова за претопляне.

63. Еленско болонезе

съставки
1 с.л. зехтин
1 глава жълт лук, нарязан на ситно
1 чаша ситно нарязани моркови (около 2-3 моркова)
1 lb смляно еленско месо* (вижте бележката по-долу за други видове месо)
3–4 скилидки чесън, смлени
1 с.л. италианска подправка
1 с.л. захар (по желание, но се препоръчва)
1 ч.ч. сол
1/2 ч.ч. пипер
6 унции доматена паста
1 с.л. червен винен оцет
1 чаша сухо червено вино* (вижте забележката)
28 унции смачкани домати
28–30 унции. (3 10oz., 2 14oz. кутии или 1 28oz. кутия) доматен сос
по желание – кора пармезан
Пресен магданоз + пармезан + паста за сервиране

ИНСТРУКЦИИ
Загрейте зехтина в голяма тенджера на среден огън. След като се загрее, добавете лука и моркова и запържете , докато лукът започне да омекне, около 5-7 минути.

След това добавете смляното еленско месо и запържете месото, като готвите около 8 минути и натрошавате месото, докато се готви.

След това добавете чесъна, италианската подправка, солта, черния пипер и доматеното пюре и сотирайте за 2 минути, за да се освободят вкусовете.

Деглазирайте тавата, като налеете червения винен оцет и виното. Остържете всички парченца аромат на дъното на тигана.

Накрая добавете натрошените домати и доматения сос и разбъркайте добре. Ако имате под ръка, добавете кората или края на тухла пармезан към соса. Издава страхотен вкус по време на готвене.

След като сосът достигне бавно кипене, намалете котлона на ниска степен и покрийте съда. Оставете соса да къкри най-малко 30 минути, но по-добре от час до няколко часа. По дяволите, цял ден, ако го имате!

Отстранете кората от пармезан преди сервиране и налейте соса върху избраната от вас паста. Отгоре поръсете с пресен магданоз и пармезан по желание.

ДИВЕЧЕВО МЕСО

64. Пълнени сърца

съставки:
- 2-3 сърца на елен в зависимост от размера или 1 сърце на лос
- 1 чаша пресни галета
- 1 чаша кайма
- 1 чаша ситно нарязан саут
- 1 яйце, леко разбито
- ¼ с. наситнен магданоз
- 1 стрък майорана, нарязана или ¼ т. изсушени
- 1 стрък розмарин, нарязан или ¼ t. изсушени
- 1 т. настъргана лимонова кора
- Сол и прясно смлян черен пипер
- 3 ленти бекон
- 2 Т. брашно
- 2 с. вряща вода
- 2 т. доматена паста

ИНСТРУКЦИИ

a) Накиснете сърцата в студена вода за 1 час. Отстранете вените и артериите с остър нож, след това измийте и подсушете сърцата.

b) Пригответе плънката, като смесите трохите, шунката, сала, яйцето, билките и лимоновата кора. Овкусете и сол и черен пипер по желание. Направете 2-3-инчов разрез от едната страна на всяко сърце и напълнете с плънката. Увийте всяко пълнено сърце с лента бекон и го закрепете с шишче.

c) Поставете сърцата изправени в глинен гювеч и печете във фурна на 350/ 2-3 часа, докато месото е крехко. Извадете сърцата в загрята чиния. Към капките в тигана добавете брашното, разбъркайте и гответе около минута.

d) Изключен от котлона, изсипете врящата вода и доматеното пюре, след което върнете на котлона и разбъркайте докато сосът се сгъсти. Оставете да къкри няколко минути, след което сервирайте в сос със сърцата.

65. Котлети от дива свиня

- 2 фунта котлети от дива свиня
- 1 чаша мътеница
- 1 т. сол
- 3 хвойнови плодове, смачкани
- 1 Т. меко масло
- 1 Т. брашно

ИНСТРУКЦИИ

a) Потопете котлетите за 3 дни в мътеница в хладилника. Отцедете и подсушете, след което натрийте със сол и натрошена хвойна. Загрейте фурната до 350/. Покрийте дъното на тавата за печене с ¼-инч вряща вода и поставете месото върху решетка с вода. Печете 1 час, като поливате от време на време с мътеница.

b) Междувременно смесете заедно маслото и брашното с върха на пръстите си. Когато месото е крехко и не кърви при пробиване, разбъркайте маслото и брашното в течността в тавата за печене. Разбъркайте до гъста и гладка смес и коригирайте подправките.

66. Печено диво прасе

СЕРВИРА 4

съставки:
- Съставките изпращат списък с хранителни стоки
- 1 глава лук, наситнена
- 4 скилидки чесън, смлени
- 2 моркова, нарязани на едро
- 2 стръка целина, едро нарязани
- 1/2 луковица копър, грубо нарязан
- 1/2 чаша зехтин, разделен
- сол и черен пипер на вкус
- 1 1/2 паунда печено диво прасе
- 6 стръка прясна мащерка
- 3 стръка пресен розмарин
- 1 супена лъжица пресен риган
- 1/2 чаша вода

ИНСТРУКЦИИ

a) Загрейте фурната до 375 градуса.
b) Хвърлете нарязаните зеленчуци (лук, 2 скилидки чесън, моркови, целина и копър) в 1/4 чаша зехтин и подправете със сол и черен пипер. Поставете ги на дъното на малка тава за печене и оставете настрана.
c) Загрейте тиган на силен огън, докато стане много горещ.
d) Овкусете печеното със сол и черен пипер. Добавете една супена лъжица зехтин в тигана и запържете печеното от всички страни.
e) Докато месото се запържва, вземете около половината пресни подправки, които имате и ги нарежете на ситно. Поставете нарязаните билки в малка купа и добавете останалия смлян чесън и зехтина; разбъркайте, за да образувате рохкава паста.
f) След като глиганът е изпечен, натрийте го навсякъде с пастата и наредете върху зеленчуците в тавата за печене.
g) Завържете останалите билки заедно с месарски канап и ги хвърлете в тавата за печене.
h) Добавете водата в тигана, след това покрийте тигана и печете за 1/2 час или толкова време, колкото е необходимо, за да достигнете вътрешна температура от 155-160 с термометър за месо.
i) Оставете да почине около пет минути, преди да нарежете и сервирате с печените зеленчуци.

67. Яхния от диво прасе с боровинки

съставки:
- 1 килограм диво прасе (нарязано на кубчета, плешка или бут)
- 1 1/2 супени лъжици растително масло
- 1 глава лук (ситно нарязана)
- 2 моркова
- 1 портокал (органичен)
- 1 скилидка чесън
- 1 скилидка
- 1 пръчка канела
- 4 плодове от хвойна
- 2 щипки индийско орехче
- 2 дафинови листа
- 2 супени лъжици коняк
- червено вино (1л.)
- 4 супени лъжици телешки бульон
- 2 супени лъжици сладко от боровинки
- 200 грама пресни боровинки
- 2 супени лъжици брашно (по желание)
- пилешки бульон

ИНСТРУКЦИИ

a) Запържете нарязаното на кубчета месо в тиган с олиото, след това извадете месото и го оставете настрана.
b) В същия тиган задушете лука (нарязан на ситно) и морковите.
c) Добавете портокаловата кора, счукания чесън, скилидките, пръчицата канела и плодовете от хвойна, след това подправете със сол и черен пипер, поръсете с индийско орехче и добавете букет гарни.
d) Върнете месото в тенджерата и добавете ракията, по желание фламбирайте.

68. Дива свиня Рагу

съставки:
- 1-килограмова плешка или бут от дива свиня, нарязани на парчета от 1 до 2 инча
- 1 стрък розмарин, разкъсан на две
- 4 скилидки чесън, обелени
- 2 чаши Кианти или друго червено вино, или според нуждите
- 3 супени лъжици зехтин екстра върджин
- 1 малък морков, нарязан на ситно
- 1 малък стрък целина, нарязан на ситно
- 1 малка глава лук, нарязана на ситно
- 1 чаша домати от консерва, с течността им
- 2 чаши зеленчуков бульон или вода
- Талиатели или друга паста за сервиране

ИНСТРУКЦИИ

a) Вечерта преди да приготвите рагуто, поставете месото в купа с розмарина, зърната черен пипер, чесъна и достатъчно вино, за да покрие. Покрийте и охладете за една нощ.

b) Изхвърлете розмарина и чесъна. Отцедете месото в цедка, поставена върху купа, като запазите виното. В холандска фурна на средно висока температура загрейте олиото, докато заблести, и добавете моркова, целината и лука. Запържете, докато омекне, 3 до 5 минути.

c) Добавете месото и гответе, като разбърквате често, докато цялата течност, освободена от месото, се изпари и месото покафенее, 10 до 15 минути. Добавете запазеното вино и гответе, като разбърквате често, докато сместа изсъхне, 10 до 15 минути.

d) Добавят се доматите, като се натрошават с лъжица. Добавете 1 чаша вода, намалете топлината до много ниска и гответе, частично покрита, на слаб огън за 1 час.

e) Добавете зеленчуков бульон и продължете да къкри, като разбърквате от време на време, докато месото започне да се разпада, 1 1/2 до 2 1/2 часа. Свалете от котлона и с помощта на бъркалка или лъжица натрошете месото на много фини парчета.

f) Сервирайте, ако желаете, върху талиатели или друга паста.

69. Глиган за бавно готвене

съставки:
- 5-6-килограмова печена плешка от диво прасе или обикновена свинска плешка
- зехтин за намазване на печено
- 2 супени лъжици подправка за стек Монреал или повече
- 1 глава лук с люспата - наситнена
- 2 моркова – грубо нарязани
- 1 връзка магданоз – наситнен
- 6 скилидки чесън
- 1 в малка консерва нарязани на кубчета домати сок или паста
- ½ чаша бърбън
- ½ чаша кафява захар

ИНСТРУКЦИИ
a) Нарежете печеното на две управляеми парчета
b) натрийте печеното със зехтин и подправете обилно, оставете настрана
c) Нарежете зеленчуците за вашата бавна готварска печка
d) Загрейте голям тиган за сотиране на котлона и когато тиганът е много горещ, добавете малко зехтин и запържете двете страни на вашето печено.
e) Поставете нарязани зеленчуци и чесън на дъното на вашата бавна готварска печка.
f) Добавете печеното, бърбъна, кафявата захар и нарязаните на кубчета домати.
g) покрийте уреда за бавно готвене и гответе на ниска температура за прибл. 7 часа.
h) Сосът, който е на дъното на уреда за бавно готвене, трябва да се прецеди и да се постави в малка тенджера за сос, като течността се редуцира наполовина на средно-силен огън.
i) Сервирайте дивото прасе на парчета, като насърчите гостите си да го накъсат на парчета, потапяйки го в соса, получен от готварската печка или в любимите ви сосове.

70. Задушено диво прасе с цитрусово-градински сос

съставки:
- 4,4 фунта седло от дива свиня (готово за готвене)
- 3 дафинови листа
- 1 чаена лъжичка смлян бахар
- ½ чаша дивечов бульон (или пилешки бульон)
- 2 литра нефилтриран ябълков сок
- 7 унции шалот
- 2 скилидки чесън
- сол
- 2 супени лъжици избистрено масло
- 2 портокала
- 2 малки грейпфрута
- 4 пресен градински чай (листа)

ИНСТРУКЦИИ

a) Изплакнете месото от глиган, подсушете го и го поставете в голяма торба за фризер (6 литра).

b) Добавете дафинов лист, бахар, черен пипер, бульон и ябълков сок. Затворете плътно торбата и я обърнете, за да покриете месото. Мариновайте за 8-12 часа (най-добре цяла нощ) в хладилника.

c) Обелете шалота и чесъна. Нарежете чесъна на кубчета и шалота на четвъртинки.

d) Отворете торбата за фризер, изсипете марината в голяма купа, извадете месото и го подсушете с хартиени кърпи. Нарежете слоя мазнина с остър нож във формата на диамант и натрийте месото от всички страни със сол и черен пипер.

e) Загрейте маслото в тиган и запържете месото на силен огън от всички страни. Добавете шалот и чесън и гответе, докато омекнат.

f) Изсипете марината в тава, покрийте и печете в предварително загрята фурна на 180°C (вентилатор 160°C, газ: маркировка 2-3) (приблизително 350°F) за около 2 1/2 часа, като обръщате редовно.

g) Отстранете капака и повишете температурата до 200°C (фурна с вентилатор 180°C, газ: маркировка 3) (приблизително 400°F). Обърнете месото с мазнината нагоре и гответе, докато образува хубава коричка, още около 30 минути във фурната.

h) Междувременно използвайте остър нож, за да отрежете кората на портокалите и грейпфрута, така че да премахнете цялата горчива бяла сърцевина. Изрежете плода между мембраните, работейки върху купа, за да съберете соковете.

i) Извадете месото от тигана и го покрийте, за да остане топло. Отстранете дафиновите листа и изсипете течността за готвене в тенджера. Оставете да заври и оставете да ври още около 10 минути.

j) Изплакнете салвията, разклатете подсушете, откъснете листа и нарежете на ситно.

k) Добавете цитрусови сегменти и събрания цитрусов сок с градинския чай към соса и гответе около 5 минути. Подправете със сол и черен пипер.

l) Нарежете месото на филийки и сервирайте с цитрусово-градинския сос.

71. Sous-vide крак от дива коза

съставки
- 500 гр. Бут от дива коза, обезкостен, приготвен от месаря
- 200 мл червено вино, сухо
- 200 мл Див фонд
- 6 Фирма, без костилка
- 2 супени лъжици ябълков оцет
- 2 супени лъжици избистрено масло
- 2 лука, червен
- 1 чаена лъжичка подправка за еленско месо

ИНСТРУКЦИИ

a) Общо време прибл. 2 часа 40 минути

b) Запържете бутчето на дива коза в избистрено масло. Оставете бутчето да изстине малко и след това го запечатайте във фолио. Гответе на водна баня на 68 градуса около 2 часа.

c) Лукът се нарязва на пръчици, половината фурми се наситняват, другата половина се нарязва на филийки.

d) Запържете бавно лука в тигана на бутчето. Добавете нарязаните фурми. Деглазирайте с червено вино, див сок и ябълков оцет и намалете наполовина. Добавете подправката от дивеча и резените фурми.

72. Кари от дива коза

съставки

- 2 плешки от дива коза, нарязани на парчета по 4 см върху костите
- 1 глава лук, нарязана на ситно
- 1 връзка пресен лук, наситнен
- 4 скилидки чесън
- Една копчица джинджифил
- 2-3 чушки скоч боне
- Китка мащерка
- 2 супени лъжици семена от кориандър
- 1 чаена лъжичка семена от кимион
- 1 чаена лъжичка семена от сминдух
- ½ чаена лъжичка синапено семе
- ½ чаени лъжички семена от копър
- 4 скилидки
- ¼ индийско орехче
- ½ супени лъжици куркума
- 20 семена от пимент
- 2 супени лъжици олио за готвене
- 5 1/2 чаши вода или пилешки бульон
- 2 средно големи восъчни картофа, нарязани на кубчета.

ИНСТРУКЦИИ

a) Сложете лука, пресния лук, чесъна, джинджифила, чушките и мащерката в блендер, за да направите паста. Мариновайте месото в пастата поне два часа, най-добре цяла нощ.

b) Смелете всички сухи подправки.

c) Загрейте 3 супени лъжици масло в чугунен съд и запържете месото. Подправете със сол и черен пипер. Добавят се смлените подправки и се заливат с вода.

d) Оставете да къкри 2-2 часа и половина. Добавете картофите и долейте още малко вода. Оставете да къкри докато картофите омекнат. Проверете подправката и добавете още сол и черен пипер, ако е необходимо.

e) Поставете ориза в цедка и изплакнете, докато водата стане бистра.

f) Вземете средно голям гювеч с дебело дъно. Добавете малко олио и запържете лука, докато омекне и стане прозрачен. Добавете всички подправки, чили, мащерка и сол. Добавете ориза и добавете кокосовото мляко и водата. Оставете да заври, покрийте с хартия за печене и плътно затварящ се капак.

g) Намалете котлона и оставете да къкри, докато цялата вода се изпари. 10-12 минути.

h) Оставете ориза да почине 2-3 минути с капак.

73. Заешки пай със сирене

съставки
- 18 унции опаковка крема сирене, нарязано на малки кубчета
- ½ чаша пилешки бульон
- 3 чаши нарязан варен заек
- 16 унции замразени смесени зеленчуци, размразени
- ½ чаени лъжички чеснова сол
- 1 яйце
- ½ чаша мляко
- 1 чаша универсална смес за печене
- Предпочитани подправки

ИНСТРУКЦИИ

a) Предварително загрейте фурната до 400°F.

b) Гответе крема сиренето и бульона в голяма тенджера на слаб огън, докато крема сиренето стане напълно

c) се разтопява и сместа се смесва добре, като се разбърква често с бъркалка.

d) Разбъркайте заешко, зеленчуци, чеснова сол и други предпочитани подправки; лъжица в 9-инчова чиния за пай.

e) Разбийте яйцето, млякото и сместа за печене в средна купа с бъркалка, докато се смесят добре. Разбъркайте сместа за печене

f) докато се навлажни, след което с лъжица изсипете сместа върху заешкото месо.

g) Поставете чиния за пай върху лист за печене.

h) Печете 25-30 минути или до златисто кафяво.

74. Заек на скара със зеленчуци

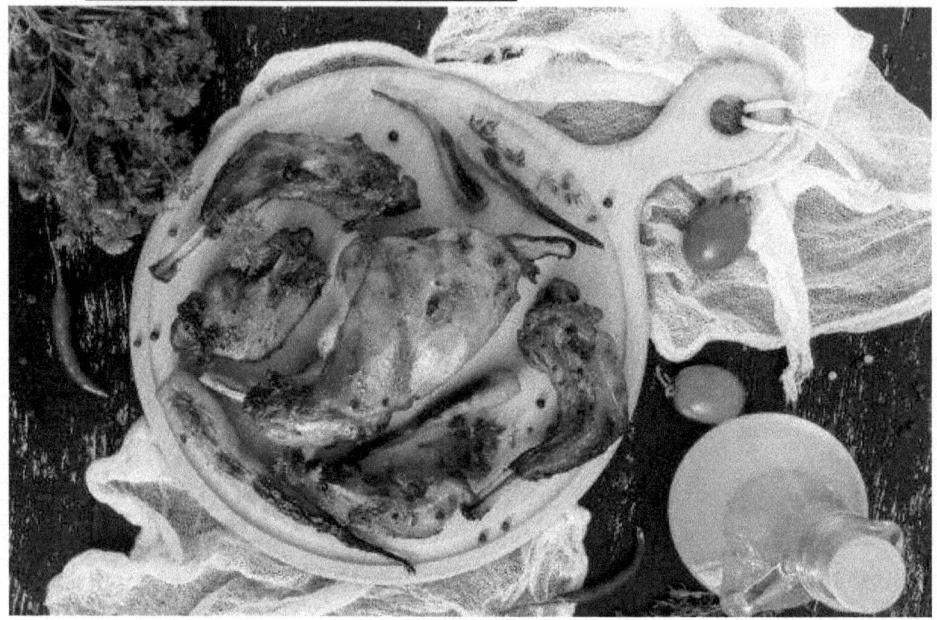

съставки
- 4 млади заешки крака (1 lb.)
- ¼ чаша винегрет дресинг, разделена
- 1 тиквичка и тиква, нарязани на кубчета
- 1 червена чушка, нарязана на едро
- 1 чаша нарязани пресни аспержи
- 1 малка глава червен лук, нарязана на ситно
- Предпочитани подправки (на вкус)
- ¼ чаша парчета ананас (по избор)

ИНСТРУКЦИИ

a) Загрейте грила на средно висока температура.

b) Намажете заешките бутчета с 2 супени лъжици дресинг, след което оставете да престои 10 минути.

c) Междувременно пробийте дупки в дъното на тигана с алуминиево фолио за еднократна употреба.

d) Залейте зеленчуците с останалия дресинг.

e) Поставете в подготвена тава.

f) Поръсете предпочитаните подправки върху съставките

g) Поставете заешки бутчета и тиган със зеленчуци върху решетката на скара.

h) Печете на грил 20 минути или докато заекът е готов (165ºF) и зеленчуците станат хрупкави, обръщайте заека след 10 минути и разбърквайте зеленчуците от време на време.

75. Едно ястие Заек и сладки картофи

СЪСТАВКИ
- ½ чаша италиански дресинг
- 3 супени лъжици кафява захар
- 1 супена лъжица нарязана прясна мащерка
- 1½ фунта сладки картофи (около 3), нарязани на 3/4-инчови широки клинове
- 1 млад заек (3 фунта), нарязан на 8 части

ИНСТРУКЦИИ

a) Загрейте фурната до 375ºF.
b) Смесете дресинга, захарта и мащерката в голяма купа.
c) Добавете картофи; хвърляне към палтото.
d) Прехвърлете картофите в тиган с размери 15x10x1 инча, като запазите дресинга
e) смес в купа.
f) Добавете млад заек към запазената смес за дресинг; хвърляне към палтото.
g) Поставете в тава с картофи.
h) Печете 1 час или докато картофите омекнат и заекът е готов (165ºF).
i) Прехвърлете заека и картофите в чиния.
j) Прецедете капките от тигана; заешкото се залива с прецедения сос.

76. Заешки креолски

съставки
- 1 голям, млад или възрастен заек, на четвъртинки
- 1 консерва пилешки бульон или кубче бульон, смесени с вода
- или друга течна напитка
- 1 консерва доматен сос или супа
- 1 средно голяма глава лук, нарязана или нарязана
- ½ супени лъжици смлян или ½ чаени лъжички чесън на прах
- 2 чаени лъжички пипер сос или люти чушки
- Сол, черен пипер, кориандър и други подправки по избор

ИНСТРУКЦИИ

a) Смесете бульон и подправки в яхния или глинен съд,

b) или тиган за печене.

c) Добавете заешко месо.

d) Гответе бавно до готовност.

e) Съвет: Идеален за сервиране върху ориз и боб.

77. Дърпано барбекю заек

съставки
- ½ чаша пилешки бульон
- 1 по-възрастен заек
- ½ чаша бира или вино, ако желаете
- ½ супени лъжици чесън или ½ чаени лъжички чесън на прах, ако желаете
- ¼ чаша нарязан лук, ако желаете
- Барбекю подправки и сос
- 2 дафинови листа

ИНСТРУКЦИИ

a) Гответе бавно всички съставки в течност с подправки по избор в глинен съд или тиган за печене, докато

b) Свършен.

c) След като се изпече докрай, извадете заешкото и оставете месото да почине (отцедете и охладете).

d) Издърпайте заешкото месо от костите, след като е достатъчно охладено за работа.

e) Върнете изваденото месо в глинен съд или тиган, добавете барбекю сос на вкус.

f) Загрейте месото с барбекю сос.

78. Дърпани заешки такос

съставки
- ½ чаша пилешки бульон
- 1 по-възрастен заек
- ½ чаша бира или текила, ако желаете
- ½ супени лъжици чесън или ½ чаени лъжички чесън на прах, ако желаете
- ¼ чаша нарязан лук, ако желаете
- Всички предпочитани от вас мексикански подправки/подправки; или можете да използвате търговски пакет от тако микс
- 2 дафинови листа
- Тако черупки
- Подправки: настъргана маруля, нарязани домати, сирене, салса, заквасена сметана и халапеньо

ИНСТРУКЦИИ

a) Бавно гответе заек в течност с горепосочените съставки и подправки по избор в глинен съд или тиган до готовност.

b) Охладете, след като се изпече докрай. Извадете заешкото месо и го оставете да почине (отцедете и охладете).

c) Издърпайте месото от костите, поставете го обратно в глинен съд или тиган и добавете подправки на вкус.

d) Загрейте отново издърпаното заешко месо.

e) Сервирайте, след като е напълно претоплено.

f) Преместете в чиния за сервиране.

g) Заредете черупки от тако и гарнирайте по желание.

79. Бизонско месо

съставки
- 1-килограмов земен бизон
- ¼ чаша галета
- ½ чаша телешки бульон
- 1 яйце (разбито)
- ¼ чаша настърган лук
- ¼ чаша настърган пармезан
- 1 супена лъжица доматено пюре
- 2 супени лъжици сос Worcestershire
- ¾ чаена лъжичка готварска сол
- ¼ чаена лъжичка червен пипер
- ¼ чаена лъжичка черен пипер
- ⅛ заоблена чаена лъжичка смлян градински чай

глазура
- ⅓ чаша кетчуп
- 2 супени лъжици балсамов оцет
- 1 супена лъжица кафява захар

ИНСТРУКЦИИ

a) Загрейте фурната до 350 градуса.

b) Внимателно натрошете бизона в голяма купа и добавете всички останали съставки за питката. Работете заедно, за да се включите напълно.

c) Смесете съставките за глазурата в отделен съд.

d) Намажете две супени лъжици глазура на дъното на тава за хляб или тава за печене и поставете сместа за месна питка върху нея. Оформете питката в питка с дебелина 2-3 инча. След това нарисувайте останалата глазура върху питката.

e) Поставете питката във фурната и печете 40 минути или докато вътрешната температура достигне 160 градуса.

f) Оставете леко да се охлади и сервирайте.

80. Бизон Строганов

съставки

- 1 lb смлян бизон може да замени постно говеждо месо
- 2 кутии крем супа от гъби (около 10,5 унции всяка)
- 8 унции пресни гъби, нарязани на филийки
- ¼ чаша заквасена сметана
- ½ супени лъжици сос Worcestershire
- 1 глава жълт лук, нарязан на кубчета
- ½ чаени лъжички лук на прах
- ½ чаени лъжички чесън на прах
- ½ чаена лъжичка червен пипер
- сол и черен пипер на вкус
- За сервиране
- ½ фунта яйчени юфка, сварени и отцедени

ИНСТРУКЦИИ

a) Започнете, като доведете тенджера с вода до кипене. Добавете вашите яйчени юфка и гответе според указанията на опаковката им. Отцедете и оставете настрана.

b) След това запържете смления бизон (докато не остане розово) с чесъна, гъбите и лука. Отцедете мазнината.

c) Добавете консервираните гъбени супи, сос Worcestershire и заквасена сметана.

d) Поръсете лука на прах, червения пипер и лука. Разбъркайте добре и оставете да къкри за около 15 минути.

e) Сервирайте върху яйчени юфка.

81. Мръсен ориз Bison

съставки
- 1 стрък био целина, нарязан
- 1 малка глава лук, наситнена
- 1 зелена чушка, нарязана
- 1 супена лъжица зехтин
- сол и прясно смлян черен пипер
- 1-килограмов земен бизон
- 1 супена лъжица подправка Cajun
- 2 чаши ориз басмати (неварен)
- 4 чаши телешки бульон
- 1 чаена лъжичка сос GF Worcestershire
- 1 дафинов лист
- GF лют сос

ИНСТРУКЦИИ

a) Добавете нарязаната целина, лука, зелената чушка и EVOO в 3,5 литра холандска фурна или тенджера. Добавете щипка сол и черен пипер. Гответе на умерен огън около 5 минути, като разбърквате от време на време.

b) Добавете смления бизон и подправката Cajun към зеленчуковата смес. Сварете месото добре, около 5-7 минути.

c) Свалете тенджерата от котлона и добавете несварения ориз. Разбъркайте ориза в сместа, така че да се смеси добре. Добавете телешкия бульон, дафиновия лист и соса Worcestershire. Върнете холандската фурна на котлона.

d) Оставете да заври, като разбърквате от време на време, след това покрийте и намалете котлона до минимум. Гответе до готовност, около 18 минути.

e) Отстранете дафиновия лист. Пробвайте за сол и сервирайте с любимия си лют сос без глутен.

82. Смлян бизон и зеленчукова яхния

Порции: 5-6

Съставки
- 1 lb смлян бизон
- 1-2 супени лъжици масло от авокадо
- 3 големи моркова (2 чаши), нарязани
- 3 стръка целина (1 чаша), нарязани
- 2 големи бели сладки картофа (2 чаши), нарязани
- 1/2 чаена лъжичка сол
- 2 супени лъжици куркума
- 3 чаши пилешки бульон
- 1 1/2 чаши маслена тиква, пюрирана
- 3 чаши зеле, нарязани
- Пресен магданоз, топинг (по желание)

Упътвания

a) Загрейте голям тиган на среден огън и добавете смления бизон, начупен на парчета. След като месото е готово, извадете го от тигана и го оставете настрани.

b) Загрейте маслото от авокадо в голяма тенджера на среден огън. След като се сгорещи, добавете нарязаните моркови и целина. Запържете за около 8 минути.

c) Добавете белите сладки картофи, солта и куркумата и смесете съставките. Продължете да готвите съставките на среден огън, като разбърквате периодично, още 10 минути или докато зеленчуците омекнат малко.

d) Добавете бульона, пюрирана тиква, зеле и бизон. Разбъркайте всички съставки заедно и поставете на слаб до среден огън, оставяйки яхнията да къкри за около 30 минути.

e) След като яхнията е готова, сервирайте топла и поръсете с пресен магданоз по желание.

83. Бизонски тиган

съставки
- 1 lb смлян бизон
- 3 супени лъжици смлян чесън
- 1 малка глава лук, нарязана на кубчета
- 1 чаша пресни смлени билки (харесваме див лук, магданоз и риган)
- 2 чаши аспержи, нарязани на хапки
- 2 чаши броколи, нарязани на малки розички
- ¼ чаша масло от авокадо
- 6 чаши смесени зеленчуци, разделени между две чинии
- Сол и черен пипер на вкус

Упътвания

a) Разбийте пресни билки в кухненски робот до смилане. Добавете половината билки в купа, добавете бизон, чесън и половин лук и сол и черен пипер и разбъркайте добре. Оформете кюфтета.

b) Загрейте маслото от авокадо в тиган на средно висока температура. Добавете кюфтетата, останалата част от смлените билки, лука, чесъна, аспержите, броколите и всякакви други зеленчуци и гответе до омекване, като обръщате кюфтетата често, за да покафенеят от всички страни.

c) Разделете зелената салата между две чинии. Отгоре се нареждат зеленчуци и кюфтенца и се сервират.

84. Пържола Солсбъри

съставки
- Смляно месо от 1 килограм: говеждо, бизоново, пилешко или пуешко
- 1 малка глава жълт лук, настърган или нарязан на ситно
- ½ чаена лъжичка нарязан чесън
- 1 чаена лъжичка сушен магданоз
- 1 чаена лъжичка чесън на прах
- ¼ чаена лъжичка кошерна сол
- ¼ чаена лъжичка черен пипер
- ¼ чаша Панко галета, обикновени трохи за бисквити; обикновени или без глутен
- 1 яйце
- 1 чаша универсално брашно (обикновено или безглутенова смес мярка за мярка)
- ¼ чаша фъстъчено масло или масло от шафраново масло с висока точка на дим
- 2 чаши нарязани гъби
- 1 голям жълт лук, нарязан на филийки
- За соса:
- 2 супени лъжици масло или гхи или масло без млечни продукти
- 2 супени лъжици универсално брашно (обикновено или безглутенова смес мярка за мярка)
- 2 чаши бульон
- Сол и черен пипер на вкус

Упътвания

a) В голяма купа за смесване смесете смляно месо, настърган лук, нарязан чесън, магданоз, чесън на прах, галета, яйце, сол и черен пипер.

b) Оформете сместа в продълговати банички (с дебелина около ¾ инча) и оставете настрана в чиния. Те също могат да бъдат направени по-малки в общо 6 банички.

c) Добавете брашното в плитка купа и подправете със сол и черен пипер.

d) Поставете голям тиган на среден до средно силен огън върху котлона и добавете олиото. СЪВЕТ: когато повърхността на маслото е на вълни, то е горещо и готово.

e) Намажете леко пържолите Солсбъри в брашното, след което внимателно ги потопете в горещото олио с помощта на шпатула.

f) Печете пържолите за 4-5 минути от всяка страна, докато покафенеят и станат хрупкави и се изпекат през средата. Вътрешни температури: говеждо и бизон 160 градуса F. Пиле и пуйка 165 градуса F.

g) Извадете сварените пържоли от тигана, след това ги поставете в чиния и покрийте с фолио, за да се затоплят.

h) В същия тиган добавете лука и гъбите. Гответе докато лукът омекне и започне да се карамелизира, а гъбите омекнат, като разбърквате често.

i) Извадете сварения лук и гъбите и ги наредете върху пържолите Солсбъри.

За соса:

j) В същия тиган разтопете маслото.

k) Разбийте брашното и гответе за минута или докато се образува паста и започне да шупне.

l) Разбъркайте бульона и разбийте, докато се сгъсти и затопли навсякъде.

m) Подправете със сол и черен пипер на вкус.

n) Изсипете върху пилешките пържоли или в сос преди сервиране.

o) Сервирайте и се насладете!

МАРИНАДИ

85. Хънтър сос

съставки
- ½c. желе от червено касис
- ¼ с. кетчуп
- ¼ с. порто или друго сладко червено вино
- ½t. Уорчестършър

Упътвания

a) Около 10 минути преди сервиране: В малка тенджера на слаб огън гответе всички съставки, като разбърквате непрекъснато, докато стане гладка и желето се разтопи.

b) Сервирайте с всякакъв дивеч или диви птици. Прави 1 чаша сос, достатъчна за 8 порции.

86. Маринята за дивеч

съставки
- 2 с. сухо червено вино
- 2 Т. масло за салата
- 2 т. сол
- 1 т. едро смлян пипер
- ¼ т. листа от мащерка
- 2 средни глави лук, нарязани на ситно
- 1 скилидка чесън

Упътвания

а) В тенджера или холандска фурна смесете всички съставки; добавете еленско или друг дивеч; покрийте и охладете за една нощ.

87. Страхотна маринята

съставки
- Добра марината за дивеч или говеждо месо:
- 1 чаша олио за салата
- Лимонов сок или 4 т. вино
- ½t. чесън на прах
- ½t. суха горчица
- ½t. пипер Worcestershire
- 4 T. сос
- 2 T. кетчуп
- Тире на Табаско

Упътвания
a) Смесете всички съставки в буркан; клатя.
b) Изсипва се върху месото и се маринова за 24 часа. Печете във фурна или върху дървени въглища.

88. Сладко-лют дип за еленско месо

съставки
- Сол и черен пипер
- 1 Т. нарязана пушена шунка Cajun
- по 1 т.: зърна червен и зелен пипер
- 2 Т. Коняк
- 1 чаша сметана за разбиване

Упътвания
а) Разбъркайте

89. Марината в азиатски стил

1/2 чаша соев сос
1/4 чаша мед
2 супени лъжици оризов оцет
1 супена лъжица сусамово масло
1 супена лъжица настърган джинджифил
1 скилидка чесън, смлян
1/4 чаена лъжичка люспи от червен пипер

ИНСТРУКЦИИ

В купа разбийте заедно всички съставки. Поставете еленското месо в голям затварящ се плик и го залейте с маринатата. Запечатайте плика и го охладете за поне 2 часа или за една нощ.

90. Марината от цитрусови плодове

1/2 чаша портокалов сок
1/4 чаша сок от лайм
1/4 чаша лимонов сок
1/4 чаша зехтин
2 скилидки чесън, смлени
1 чаена лъжичка сол
1/2 чаена лъжичка черен пипер

ИНСТРУКЦИИ

В купа разбийте заедно всички съставки. Поставете еленското месо в голям затварящ се плик и го залейте с маринатата. Запечатайте плика и го охладете за поне 2 часа или за една нощ.

91. Червено вино и сос от хвойнови плодове

СЪСТАВ:

1 чаша червено вино
1/2 чаша телешки бульон
1/2 чаша сушени плодове от хвойна
2 супени лъжици масло
2 скилидки чесън, смлени
Сол и черен пипер на вкус

ИНСТРУКЦИИ:

В малка тенджера смесете червено вино, телешки бульон и плодове от хвойна. Оставете да заври на средно силен огън.

Намалете топлината до минимум и оставете да къкри, докато сосът се редуцира наполовина, като разбърквате от време на време.

В друг съд разтопете маслото на среден огън. Добавете смлян чесън и гответе, докато се ухае.

Извадете плодовете от хвойна от соса и добавете редуцирания сос към чесновото масло. Разбъркайте, за да се комбинират.

Подправете със сол и черен пипер на вкус. Сервирайте топло върху еленско месо.

92. Подправен сос от червени боровинки

СЪСТАВ:

1 чаша пресни или замразени боровинки
1/4 чаша мед
1/4 чаша ябълков оцет
1 пръчка канела
1 звездовиден анасон
1/2 чаена лъжичка смлян джинджифил
1/2 чаена лъжичка смлян карамфил

ИНСТРУКЦИИ:

Комбинирайте всички съставки в тенджера и ги оставете да заври на средно силен огън.

Намалете топлината до минимум и оставете да къкри, докато боровинките се пръснат и сосът се сгъсти, като разбърквате от време на време.

Отстранете пръчицата канела и звездния анасон преди сервиране. Сервирайте топло или охладено с еленско месо.

93. Крем сос от хрян

СЪСТАВ:

1/2 чаша сметана
1/4 чаша готов хрян
1 супена лъжица дижонска горчица
1 супена лъжица пресен лимонов сок
Сол и черен пипер на вкус

ИНСТРУКЦИИ:

В малка купа разбийте заедно закваcена сметана, хрян, дижонска горчица и лимонов сок.

Подправете със сол и черен пипер на вкус. Сервирайте охладено с еленско месо.

94. Балсамов сос от смокини

СЪСТАВ:

1 чаша сушени смокини, нарязани
1/2 чаша балсамов оцет
1/2 чаша пилешки бульон
1/4 чаша мед
1 супена лъжица зехтин
1/2 чаена лъжичка сушена мащерка
Сол и черен пипер на вкус

ИНСТРУКЦИИ:

В малка тенджера смесете смокините, балсамовия оцет, пилешкия бульон, меда, зехтина и мащерката. Оставете да заври на средно силен огън.

Намалете топлината до минимум и оставете да къкри, докато смокините омекнат и сосът се сгъсти, като разбърквате от време на време.

Подправете със сол и черен пипер на вкус. Сервирайте топло с еленско месо.

95. Чътни с боровинки

СЪСТАВ:

1 чаша пресни или замразени боровинки
1/4 чаша нарязан червен лук
1/4 чаша нарязани сушени кайсии
1/4 чаша ябълков оцет
2 супени лъжици мед
1/2 чаена лъжичка смляна канела
1/4 чаена лъжичка смлян бахар

ИНСТРУКЦИИ :

В тенджера смесете боровинките, червения лук, сушените кайсии, ябълковия оцет, меда, канелата и бахара. Оставете да заври на средно силен огън.

Намалете котлона до минимум и оставете да къкри, докато боровинките се пръснат и сосът се сгъсти, като разбърквате от време на време.

Сервирайте топло или охладено с еленско месо.

96. Масло от чесън и розмарин

СЪСТАВ:

1/2 чаша несолено масло, омекотено
2 скилидки чесън, смлени
1 супена лъжица нарязан пресен розмарин

ИНСТРУКЦИИ:

В малка купа смесете заедно омекотено масло, смлян чесън и нарязан розмарин.

Подправете със сол и черен пипер на вкус.

Намажете с маслото сготвени еленски пържоли или котлети непосредствено преди сервиране.

97. Сос от горчица и билки

СЪСТАВ:

1/2 чаша дижонска горчица
2 супени лъжици наситнен пресен магданоз
1 супена лъжица нарязана прясна мащерка
1 супена лъжица нарязан пресен розмарин
1 супена лъжица мед
1 супена лъжица ябълков оцет
Сол и черен пипер на вкус

ИНСТРУКЦИИ:

В малка купа разбийте заедно дижонска горчица, магданоз, мащерка, розмарин, мед и ябълков оцет.

Подправете със сол и черен пипер на вкус. Сервирайте охладено с еленско месо.

98. Сос черешово порто

СЪСТАВ:

1 чаша пресни или замразени череши без костилки
1/2 чаша рубинен порт
1/2 чаша телешки бульон
2 супени лъжици несолено масло
1 супена лъжица мед
1 супена лъжица нарязана прясна мащерка
Сол и черен пипер на вкус

ИНСТРУКЦИИ:

В малка тенджера смесете череши, рубинено порто, телешки бульон, масло, мед и мащерка. Оставете да заври на средно силен огън.

Намалете топлината до минимум и оставете да къкри, докато сосът се сгъсти, като разбърквате от време на време.

Подправете със сол и черен пипер на вкус. Сервирайте топло с еленско месо.

99. Портокалова джинджифилова глазура

СЪСТАВ:

1/2 чаша портокалов мармалад
1/4 чаша соев сос
2 супени лъжици мед
1 супена лъжица настърган пресен джинджифил
1 супена лъжица оризов оцет

ИНСТРУКЦИИ:

В малка тенджера смесете портокалов мармалад, соев сос, мед, настърган джинджифил и оризов оцет. Оставете да заври на средно силен огън.

Намалете топлината до минимум и оставете да къкри, докато сосът се сгъсти, като разбърквате от време на време.

Сервирайте топло с еленско месо.

100. Карамелизиран сос от лук и гъби

СЪСТАВ:

1 голяма глава лук, нарязана
1 чаша нарязани гъби
2 супени лъжици несолено масло
1/4 чаша телешки бульон
1 супена лъжица балсамов оцет
1/2 чаена лъжичка сушена мащерка
Сол и черен пипер на вкус

ИНСТРУКЦИИ:

В тиган разтопете маслото на среден огън. Добавете нарязания лук и гответе докато се карамелизира, като разбърквате от време на време.
Добавете нарязаните гъби и гответе до омекване.
Добавете телешки бульон, балсамов оцет и сушена мащерка. Оставете да заври на средно силен огън.
Намалете топлината до минимум и оставете да къкри, докато сосът се сгъсти, като разбърквате от време на време.
Подправете със сол и черен пипер на вкус. Сервирайте топло с еленско месо.

ЗАКЛЮЧЕНИЕ

Надяваме се, че тази готварска книга ви е вдъхновила да изследвате света на кухнята с еленско месо и да експериментирате с нови вкусове и техники. Еленското месо е универсално и вкусно месо, на което можете да се насладите в различни ястия, от традиционни яхнии и печено до креативни и иновативни рецепти. Независимо дали сте опитен готвач на еленско месо или начинаещ, в тази готварска книга има по нещо за всеки.

Така че следващия път, когато търсите нов и вълнуващ начин да се насладите на месо, опитайте еленско месо. Със своя богат вкус и хранителни предимства, той със сигурност ще се превърне в основен продукт във вашата кухня. Приятно готвене!

Milton Keynes UK
Ingram Content Group UK Ltd.
UKHW021530101023
430299UK00014B/705